文庫

鎌倉仏教

佐藤弘夫

筑摩書房

目次

はじめに……11
1 なぜいま鎌倉仏教か 11
2 教理史の限界 13
3 鎌倉仏教の主役 16
4 歴史のなかの鎌倉仏教 18

第一章 法然の旅……21
1 無常を越えて 21
2 比叡入山 25
3 天台教学の発展 29
4 最高学府としての比叡山 31
5 浄土への道 34
6 暁を求めて 37

7 本願との出会い 40

第二章 聖とその時代……46

1 新仏教と旧仏教 46
2 念仏の系譜 48
3 勧進帳の世界 54
4 官寺の窮乏 57
5 勧進聖の活動 60
6 寺社参詣の流行 64

第三章 異端への道……71

1 濁世の光芒 71
2 仏の選び取った念仏 75
3 伝統仏教への疑問 78
4 支配と救済 81
5 弥陀の真意をたずねて 86

6 法然と親鸞のあいだ 90
7 外に賢善精進の相を現ずることをえざれ 94
8 愚禿の歎き 98
9 悪人の誉れ 102

第四章 仏法と王法 ……108

1 〈選択〉の発見 108
2 一神教的理念の成立 111
3 念仏と題目 115
4 地獄に堕ちた帝王 120
5 道元の立場 125
6 新仏教の旗手たち 129

第五章 理想と現実のはざまで ……134

1 さまよえる妖怪 134
2 安楽斬らる 140

3　苦悩する門弟　144
4　〈選択〉との決別　148
5　伝統教学への回帰　151
6　旧仏教との和解　154

第六章　襤褸の旗　159
1　異端者の系譜　159
2　仏土と神土　163
3　支配する仏神　166
4　呪縛と解放　170
5　二つのたたかい　175
6　破仏破神の意味　178

第七章　熱原燃ゆ　184
1　日興の活躍　184
2　弾圧の魔手　188

3 法難の勃発 191
4 殉教の碑 196
5 信仰に生きた人々 201
6 夜明け前の時代 205
第八章 文化史上の鎌倉仏教 210
1 古代の仏教文化 210
2 民衆文化の開花 214
3 惣と町衆と 219
4 国民文化の成立 224
5 民衆運動と仏教 227
あとがき 233
鎌倉仏教をもっと知りたい人のために――参考文献 235
補論 鎌倉仏教論を読みなおす――文庫化によせて 241

1 文庫版刊行にあたって 241
2 落ちた偶像 243
3 モダンの語りのなかの鎌倉仏教 245
4 進化の物語の終焉 248
5 転轍機としての「顕密体制論」 250
6 顕密体制論と無縁 253
7 鎌倉仏教研究の再生をめざして 255
8 「思想」の質を問う 258

鎌倉仏教

はじめに

1　なぜいま鎌倉仏教か

「鎌倉仏教」という言葉は、私たち日本人にとってあまりにもなじみの深いものである。そしてまた、この名を冠した著作や研究も数えきれないほど世に問われてきた。そのうちで、古典的な名著といわれるものも、ひとつやふたつには留まらないであろう。それゆえ、「鎌倉仏教」という書を執筆するにあたって、なぜいま鎌倉仏教なのか、という点を説明することから筆を起こすことにしたい。

端的にいって、私は従来の鎌倉仏教論のどれからも十分な満足をえることができなかった。その理由を述べる前に、平均的な日本人が鎌倉仏教というものに対して、どのようなイメージを懐《いだ》いているかを確認しておこう。

試みに、高校の日本史や倫理社会の教科書を開いてみよう。そこには「鎌倉仏教」

という見出しの後に、法然《ほうねん》・親鸞《しんらん》・栄西《ようさい》・道元《どうげん》・日蓮《にちれん》・一遍《いっぺん》といったおなじみの名前が並んでいる。そして各人の説いた思想内容について、ひとりずつ簡潔な説明が加えられている。もう少し詳しいものになると、その後に「旧仏教の復興」といったテーマが設けられ、貞慶《じょうけい》（解脱上人《げだつ》）・高弁《こうべん》（明恵上人《みょうえ》）・叡尊《えいそん》・忍性《にんしょう》などの人物があげられて、やはりその事績と思想を概説するという形がとられている。要するに鎌倉仏教というものは、鎌倉時代に出現したさまざまな仏教者の説いた思想の総和と捉えられているのである。

もちろん、教科書はそれらの思想家に共通する要素を指摘することも忘れない。——「民衆的性格」「悪人救済」「女人往生《にょにんおうじょう》」「易行《いぎょう》」「宗教的平等性」等々。

しかし、私はこうした叙述の仕方に強い違和感を覚える。

宗教とは何か。それは信念をいかに生きるか、という問題と切り離しては語ることのできないテーマである。そして、鎌倉時代の仏教者においてもそれは同じことだったはずである。彼らはみな、思想家である前に実践者であった。彼らは象牙の塔に閉じ籠《こも》って、体系的でほころびのない思想を構築することを最終的な目的とは考えなかった。宗教や思想は、所詮みずからが救われ、人が救われるための手段にすぎない。

思想は実践の中で鍛えみがかれて、はじめて生命を吹きこまれるのである。鎌倉仏教の祖師たちもまた、日々の民衆との接触の中で、一歩一歩その思想を彫琢《ちょうたく》していったのである。

このような視点に立ったとき、はじめから鎌倉仏教の思想が完結した体系的なものであることを前提として、その論理のみを抽出することが、果たして宗教としての鎌倉仏教の核心を捉えたことになるのであろうか、という疑問がわき起こる。こうした方法では、宗教のもつ独自の生命力を見失うことになりかねないのではなかろうか。むしろ私は、彼らの思想にみられる論理の矛盾や解釈の飛躍にこそ着目したい。その論理の裂け目の間に、実践者としての彼らの苦悩と思索の足跡を、宗教者としてのその誇りと輝きを見出したいと思うのである。

本書はかかる視座から、法然をはじめとする鎌倉仏教の祖師の仏教を、教理としてではなく生きた宗教として捉えようとしたものである。

2 教理史の限界

本書を執筆するにあたって、私がこのような視点をとろうとした背景には、高度に体系化された完成度の高い論理が、日本史上で果たしてきた役割に対する不信がある。いうまでもないことだが、鎌倉仏教以前にも日本には長い仏教受容の歴史があった。その過程で膨大な数の教理書が著わされ、壮大な教理体系が構築されていった。鎌倉時代にはこうした伝統的な教学が仏教界を、さらには社会全体を厚く覆っていたのである。

だが、高度に抽象化され論理がひとり歩きしていた教理は、古代や中世の民衆の生にとって、いかなる意味をもっていたであろうか。おそらくは、何の影響も与えることがなかったにちがいない。単に無関係であったならばまだいい。それは支配者に独占されることによってその権力を荘厳し、その苛酷な民衆支配に力を貸すことになったのである。

それゆえ、法然らが宗教者としての使命に目覚め、生活者の目線から仏教のあり方を問い直そうとしたとき、まずしなければならなかったのは伝統仏教の呪縛の磁界に風穴をあけることであった。

法然がそれを実行したとき、当時のアカデミズムの世界から彼に加えられたヒステリックな反撃は、一見民衆の日常とは無関係にみえる伝統仏教が担っていた役割の本質を、垣間見せるものであった。

同時代の伝統仏教界からの批判と迫害を逃れるべく、弟子たちは当時の正統的な仏教教学に沿って、異端的要素を孕《はら》む祖師の思想を再解釈しようとした。その結果、後継者の代に入ると、祖師の思想はそれが本来かかえていた矛盾や飛躍が糊塗《こと》されて、（当時の仏教学の常識からみた）思想としての完成度と体系性は著しく増加した。それを信奉する教団も伝統仏教や国家によって認知され、順調な発展を開始した。

しかし私には、思想の体系性や論理の整合性の獲得とひきかえに、彼らの宗教のもっていたもっとも大切なものが失われてしまったようにみえてならない。そしてひとたび作りあげられた教団教学は、体制側の言説に組み込まれ、今度は人々を抑圧する理念体系の一翼を担うものとなった。その時その思想は、上から無知無学な民衆に説き聞かせるものではあっても、もはやかつてのごとく人々の内心を鼓舞し、生命の炎を燃え上がらせる役割を果たすことはできなかったのである。

私が、仏教を教理史として捉え、論理の整合性と完成度のみを尺度として思想を評価しようとする立場を斥《しりぞ》けた理由はここにある。本書における、鎌倉仏教を教理としてではなく生きた宗教として捉えようとする視座もまた、ここに由来するのである。

3 鎌倉仏教の主役

鎌倉仏教を生きた宗教として把握しようとすれば、どのような視点をとるにせよ、祖師の生涯と思想をなぞって終わりとしてよいはずはない。その思想が人々にいかに受容され、彼らの生き方にいかなる影響を与えていったのか。祖師と信徒との動態的な交渉の中にこそ、鎌倉仏教を評価するもっとも重要な視点は存在する。――かくして、祖師の思想が同時代においてどのような役割を果したのかという点が、本書を貫く第二の問題関心となるのである。

私がかつて鎌倉仏教研究を志し、辞書を頼りに祖師の遺文を読み進んでいたころ、信徒にあてた書簡にこめられた、祖師たちの熱いメッセージに深く心をうたれたことを覚えている。

とりわけ、弘安二年(一二七九)に起こった熱原《あつはら》法難と呼ばれる日蓮教団弾圧事件に際し、日蓮およびその弟子日興《にっこう》と、熱原(駿河国富士郡〈静岡県富士市〉)の農民とを結ぶ精神的な連帯には強い感銘をうけた。信仰歴の浅い農民たちを殉教にまでかりたてたものは、いったい何だったのであろうか。

これまでの祖師の思想や教理を中心とする研究においては、その思想の継承という点についていえば、祖師の思想が弟子たちによっていかに受容され変容せしめられていったのか、という問題にのみ関心が集中していたように思われる。そこでは名もなき在俗の民衆信徒の存在は、完全に視野から抜け落ちていた。

だが、日蓮と熱原の農民たちとの魂を結ぶ絆に比べるとき、プロの僧侶間の教理の継受といったテーマが、いかに色あせてみえることか。しかも先に述べたように、思想の継承はややもすれば教理のひとり歩きと、「実践の思想」という宗教の原点からの逸脱へと傾きがちだったのである。そしてひとたび、教団の維持しか頭にない聖職者たちの手にもてあそばれた教理は、次には民衆にとっての抑圧の言説と化してしまうのである。

それゆえ私はいつのころからか、熱原の法難をクライマックスとするような鎌倉仏教論を書きたいと考えてきた。信仰の主役としての彼らの生き方を叙述に組み込めるような、鎌倉仏教論の構想を模索し続けてきた。鎌倉仏教が真に「民衆仏教」としての名に値するなら、それが民衆にどのように受け容れられ、その精神と肉体の解放にいかなる具体的な役割を果たしたのかという点が、追究されなければならない。

祖師の思想はいかに立派なものであっても、それ自体では何の意味もない。それは、名もなき人々に受容され彼らの心に希望の灯をともして、はじめて宗教としての生命が吹きこまれる、という見方が本書における私の基本的な立場である。

4　歴史のなかの鎌倉仏教

本書は宗教を生きた姿において捉えようとしたものではあるが、鎌倉仏教を直接私たちの生き方の教訓にしようと意図したものではない。あくまで中世前期という特定の時代において、限定された状況の中で果たした役割の追究に留めている。

いうまでもなく鎌倉仏教の背景となった社会は、現代とはあらゆる意味で異質なものであった。いわゆる「日本人的」な価値観が形成されるのは室町時代ごろからといわれる。十三世紀以前の社会は、あたかも異国の社会のごとく、今日の私たちの常識や尺度の通用しない世界であった。そこでは、社会や国家のあり方も、労働や生産のシステムも、さらにまた世界観や価値観も、何ひとついまと同じものはない。だから、そこで説かれた祖師の言葉ひとつひとつを現代社会でそのまま実践することなど、逆立ちしてもできるわけはない。

しかし、そうした時代的な制約をあげつらって祖師たちの限界を指摘することも、フェアな立場とはいえないだろう。たとえば、法然や日蓮が国王の存在を容認していたからといって、彼らが民主主義者でないと批判することが的はずれであるように。

それゆえ私は本書において、彼らの生きた中世社会を背景において、その中で彼らの果たした意義や限界を考えるという歴史学的な手法をとった。

中世という歴史段階において、鎌倉仏教が歴史や文化の中にどのように位置づけられ、またその展開にいかなる貢献をなしえたのか。この問題はもはや宗教レベルのそれを越えるものである。私が最終章において、鎌倉仏教を同時代の文化や歴史の流れの上で捉えようとしたのは、このような意図に基づくものであった。

その宗教が同時代の社会に対してもっていた可能性までをも含めて、彼らの歴史的な意義を考えてみたいと思っている。

第一章　法然の旅

1　無常を越えて

けたたましい馬のいななきと鬨《とき》の声が少年の眠りを打ち摧《くだ》いた。庭では郎党のいきかう足音がせわしげに入り乱れ、彼らを指図する鋭い声が響きわたっていた。深夜に起きた突然の騒動に少年はいい知れぬ不安をおぼえた。

「夜討ちです」

息を切らして飛びこんできた下女の言葉に、少年はようやくおおよその事情を察した。母は下女にせかされるままに少年の手をとり、奥へといそいだ。

外の騒ぎはますます激しさを増した。大声でののしりあいながら刀を打ちあわせる音がしだいに近づいてくるのがわかった。戦闘の場は門を越えて、すでに館の中にその舞台を移したようであった。

屋敷のどこかで火の手が上がったのか、庭先が急に明るくなった。そのあかりの中に、すさまじい形相で刀を振るう修羅の群れが浮かび上がった。

どれほどの時間がたったたであろうか。少年が身を隠した塗籠《ぬりごめ》の奥から姿を現わしたとき、先ほどの嵐はうそのように静まりかえっていた。少年は館の主である父の姿を求めた。彼は庭の隅に集まっている一群の人々に眼をとめると、そこに走りよった。従者たちの介抱を受けながら、父は地面に横たわっていた。一見してかなりの深手を負っているのがわかった。

父は少年の姿を目にとめると傍へと呼びよせた。

「私はもう助からない。この疵《きず》のために命を落とすだろう……。しかし、お前は決して敵をうらんではならない。私の仇を討とうと思ってはならない。これも前世の報いなのだ。敵を憎むよりも仏門に入って私の菩提をとむらってくれ」

苦しい息の中でこう言い残すと、父は静かに息をひきとった。少年と母は手をとりあったまま、ぼうぜんと立ちつくした——。

これは後に作られた伝記をもとに推測を交えて、法然が九歳のときに体験したという夜討ちの情景を再現してみたものである。ここに登場する少年こそが、後に仏教改革ののろしを上げて当時の仏教界を震撼《しんかん》させる法然房源空その人であった。

法然は長承二年（一一三三）、美作国《みまさかのくに》（岡山県）久米南条の稲岡荘《いなおかのしょう》に生まれた。父は漆間時国《うるまときくに》。久米郡の押領使《おうりようし》を務める在地の有力武士であった。そのひとりっ子として生をうけた法然は両親の寵愛《ちょうあい》を一身にうけ、おそらくは恵まれた幼少の時代を過ごしたに違いない。

しかし、その幸福は長くは続かなかった。わずか九歳にして、同じ稲岡荘に本拠地をもつ明石定明《あかしさだあきら》という武士によって父を討たれるという悲運に見舞われたからである。明石定明は当時稲岡荘の預所という職にあった。いわば荘園の現地責任者である。他方、法然の父時国が就いていた押領使という地位は、地方の内乱の鎮定などを職務内容とする古代以来の官職であった。

法然の生まれた十二世紀の三十年代は、鳥羽院政のもと摂関家などの有力貴族や大寺社が荘園獲得に狂奔していた時代であった。その結果「権門勢家《けんもんせいか》」と呼ばれる大荘園領主の間で、荘園の争奪をめぐって各地で激しい争いが繰り広げられていた。この時期に延暦寺や興福寺・園城寺などの大寺院間で武力にものをいわせた焼打ち合戦が頻発するのも、その多くは土地の奪い合いが原因であった。また荘園の増加と拡大は、それを阻止して国家の土地（公領）を確保しようとする国衙《こくが》（国の地方支配機関）勢力と、荘園領主との緊張をも高めることになったのである。

中央での権力者同士の軋轢《あつれき》は、地方にあってはその支配の末端に連なる武士たちの争いを激化させる引き金となった。草深い農村から身を興し実力を蓄えつつあった新興の武士たちは、中央の実力者と結ぶことによってみずからの地位の安定と上昇をめざした。それは結果として、都での権力者間の紛争をそのまま在地にもちこむことになったのである。

国家の地方支配機構に連なる押領使であった父時国は、荘園領主に仕える定明によって命を絶たれた。法然は幼くして国衙と荘園領主の対立という巨大な時代の波に投げこまれ、その中で最愛の父を失うことになったのである。

父を亡くした法然は、稲岡荘から十里ほどの山中にある菩提寺に身を寄せた。仇を討つことを禁じた父の遺言に従ったためともいわれる。しかし、実際には定明の追手を逃れるための入寺であったろう。菩提寺の院主・観覚は法然のおじ（母の弟）にあたる人物であった。

仏門の人となった法然は、突然身にふりかかった悲劇を忘れんとするかのように学問に没頭した。やがて法然の非凡な資質を見抜いた観覚は、この少年を中央に遊学させて本格的な研鑽を積ませるべきだと考えるようになる。

天養二年(一一四五)、菩提寺で四年の歳月を過ごした少年に旅立ちの日が訪れた。めざすは当時の仏教界の中心であった比叡山延暦寺。故郷の山河を後にして都へと向かう少年の胸中を占めていたものは、亡き父への追憶とふるさとへの感傷であろうか。あるいは都での新たな生活に対する期待と希望だったのであろうか。

2　比叡入山

京都の市中に立って周囲の山々をながめると、北東の方角に整った三角形をしたひときわ高い峰を望むことができる。標高八四八メートルの大比叡岳を中心とする比叡の山々。その山中一帯に広大な寺地を占める山門比叡山延暦寺こそが法然のめざした遊学の地であった。

延暦寺の開創は延暦七年(七八八)の最澄《さいちょう》による小堂の建立にさかのぼる。やがて桓武天皇にその才能を見出された最澄は、天皇の命をうけ同二十三年に遣唐使節に従って中国に渡り、天台山に学んで翌年六月に帰朝した。帰国後天皇の知遇をえた最澄の活躍はめざましいものがあった。同二十五年には新たに年分度者（宗ごとに毎年出家を許される僧）二名を認可され、従来の諸宗派（南都六宗）に加えて天台法華宗を樹立することに成功している。以後延暦寺は国家権力との結びつきを深め、王城（京都）鎮護の寺として着々とその社会的地位を高めていった。

最澄没後も、延暦寺は日本天台宗の総本山として順調に発展をとげた。十世紀後半には、山内の二大派閥である慈覚門徒派と智証門徒派の対立と後者の離山という大きな事件が起こったが、その拡大の勢いを止めるには至らなかった。おりしもその頃から、延暦寺は積極的に上層貴族との関係強化に努めた。延暦寺中興の祖として名高い良源の後を継いで第十九代の天台座主となった尋禅《じんぜん》は、政界の実力者藤原師輔の子であった。以後、叡山では貴族出身者の入山が相継ぎ、その縁で摂関家などからの荘園や堂塔の寄進が増加した。その結果、やがて座主以下の寺内の要職が高級貴族の子弟に独占されるという事態を迎えることになるのである。

日本仏教界の棟梁としての揺るぎない地位と権威を確立した延暦寺は、他方ではその財政的な基盤を確保するために積極的に領地（荘園）の集積に乗り出した。その努力はやがて実を結び、院政時代（十一世紀末―十二世紀末）に入ると延暦寺は膨大な寺領を所有する大荘園領主へと成長をとげた。特に膝下の近江国（滋賀県）では山門領の荘園が全耕地面積の半ば近くを占め、一国さながら山門王国といった観を呈するまでに至るのである。

しかし、荘園をいくらたくさん集めても、それで問題がすべてかたづくわけではなかった。当時、所領の集積に狂奔していたのは延暦寺ばかりではない。皇室や有力貴族、さらには興福寺・園城寺・東大寺といった大寺院までもが、例外なくみな領地の拡張に血眼になっていた。彼らは互いに、隙あらば他人の土地を奪い取ろうと目を光らせていたのである。

また、たとえ荘園を領有したとしても、そこからきちんと年貢を取り立てることができなくてはなんの意味もない。ところが、荘園の住民たちはなにかと理由をつけては年貢を出ししぶり、ことあるごとにその減免を要求してくるのである。

そうした状況の中で、円滑な荘園支配をおこなうためになによりも必要とされたものは、経営と年貢徴収のためのしっかりとした組織の整備であった。と同時に、他の領主による寺領侵犯を防ぎ、住民の反抗をおさえるために、強力な武力をもつこともなうのである。

不可欠の条件であった。

このような事情を背景として、寺僧の武装化が進化し、やがて「悪僧」（僧兵）とよばれる武術を専門とする集団が出現してくる。彼らはひとたび紛争が起こったときには、頭を袈裟につつみ、甲冑姿に大長刀《なぎなた》をひっさげて戦闘のまっ先に立った。そして、腕力にものをいわせて敵を打ち破り、相手方の寺院などに放火や破壊活動をおこなうのである。

悪僧の寺内での発言力は、その実力と実績を背景として、時代が下れば下るほどいよいよその重みを増していった。僧兵は、延暦寺の荘園領主化＝世俗化の生み出した鬼子だったのである。

こうして十二世紀には、比叡山は広大な治外法権の所領と強大な軍事力を所有する一大権門へと変身をとげた。三塔十六谷と総称されるその寺域一帯には三千ともいわれる坊舎が点在し、巨大な雲上の楽園をつくりあげていた。また、比叡山は湖上交通の要所であった東山麓の坂本を支配した。そこには山上で消費される膨大な物資が集積されるとともに、女人禁制の山内に立ち入ることのできない僧侶の母や妻子の住む里坊が軒を並べ、参詣者の宿坊が立ち並んでいた。宗教的権威と世俗的な権力をあわせもった山門の実力は、当時の俗権の頂点にあった天皇家や幕府にも一目置かせるほどのものだったのである。

国家の庇護のもとに玉体安穏を祈る目的で創建された官寺から、独自の所領と自律的な支配体系をもった荘園領主への転換。それは比叡山延暦寺の古代寺院から中世寺院への華麗なる変身を示すものであった。

3　天台教学の発展

しかし、院政・鎌倉時代の比叡山を、僧兵の跋扈《ばっこ》する頽廃《たいはい》と堕落の世界とだけみることは正しくない。たしかに山内の世俗化は著しく、修学を忘れ武芸をこととする悪僧の横行ぶりは目に余るものがあった。だが延暦寺にも、他方では真摯な学問と修行に専念する多数の学僧がいたことを忘れてはならない。

平安後期以降の比叡山の教学には、良源の高弟である源信《げんしん》と覚運《かくうん》をそれぞれ派祖とする、恵心流・檀那《だんな》流という二つの主要な流派が存在した。両派は後におのおの八流にわかれ、天台本覚《ほんがくし》思想《そう》といわれる特色ある思想を生み出していった。そしてその卓越した学問の伝統は、中世にまで脈々と継承されていったのである。

法然が入山していたころ、比叡山には慈円《じえん》と証真《しょうしん》という同時代を代表するふたりの学僧がいた。

関白・藤原忠通の子として生まれた慈円は、永万元年（一一六五）、十一歳にして延暦寺の青蓮院門跡に入った。十三歳で出家後、無動寺千日入堂行をはじめとする修行を重ねる一方、法性寺座主などの要職を歴任し、建久三年（一一九二）には延暦寺の頂点である天台座主に就任している。

慈円はすぐれた学僧でもあった。彼は叡山の正統教学の流れをくんだ多数の著作を残している。また『愚管抄』を著わし、独自の史論と政治論を展開している。慈円は歌道にもすぐれ、当時の歌壇に重きをなした。私家集として『拾玉集』がある。あらゆる面からみて、慈円は当代を代表する一流の文化人であった。

証真は宝地房と号し、慈円と親交があったことが知られている。天台の伝統教学の継承と復興に尽力し、広学竪義《こうがくりゅうぎ》（教学上の問答を中心とする法会）の竪者《りっしゃ》（問題の解答者）、探題《たんだい》（問題を選定し、論の当否を判定する最高職）など学問の方面での要職をへて、承元元年（一二〇七）には比叡山の総学頭に就任している。

著書は数多いが、天台智顗《ちぎ》（六世紀の中国の僧・天台宗の開祖）の「三大部」（『法華文句』『法華玄義』『摩訶止観《まかしかん》』）に注釈を加えた『法華三大部私記』（三十巻）は有名である。その仕事に熱中したあまり、源平の合戦があったことを知らなかったというエピソードがある。彼の門下からは多くの逸材が輩出している。

このふたりをはじめ、多くのすぐれた学僧を擁していた比叡山は、中世においても学問を志す地方の修行僧のあこがれの地であった。そこには膨大な典籍と最新の研究成果が蓄積されていた。若い修学者にとっては、この山に登って戒を受け、著名な師について学問にはげむことが最大の夢であった。比叡山はまぎれもなく当時の仏教界のメッカであり、日本仏教の頂点に立つ寺院だった。比叡山のもつ学問上・宗教上の権威は中世においてもいささかも揺らぐことはなかったのである。

4　最高学府としての比叡山

比叡山は、たんに仏教に関する学問の宝庫であっただけではない。その荘園領主化にともなって、寺院内には医学や天文暦学・農業・土木など世俗的な知識と技術が発達し、それぞれの道についての専門僧が出現してくるのである。

光宗によって十四世紀前半に編集された『渓嵐拾葉集《けいらんじゅうようしゅう》』は、中世の比叡山におけるさまざまな知識や技術の実態を知る上で、好箇の史料である。『渓嵐拾葉集』は、当時の叡山に伝えられていた故事や伝承・諸説を整理し記録した叢書という形をとっている。その内容は日本天台の教義や作法から、算術・工芸・天文・医学・歌道まで多岐にわたっている。それゆえ、この書をひもとくことによって、比叡山にどれほど多様な分野の知識が伝えられていたかをうかがい知ることができるのである。

たとえば、医学についてみてみよう。

元来、仏教における菩薩の修すべき五明《ごみょう》（五種類の学問）の中には医方明（医薬学）が含まれており、日本でも、古代より僧侶が医療技術者の役割を担ってきた。そして平安時代に入ると、医学を専門とする僧医（くすし僧）とよばれる人々が登場してくる。

天台宗の場合、すでに智顗の『摩訶止観』の中に、病気の原因とその処方が記載されている。『摩訶止観』によれば病気の原因として、①四大《しだい》（地水火風の四元素）不順《ふじゅん》、②飲食不節《おんじきふせつ》、③坐禅不調、④鬼神、⑤魔、⑥業《ごう》の六つがあるという。そしてその対策として、摂生と服薬（①②の場合）をはじめとする治療法が説かれている。

比叡山ではこうした理論にもとづき、祈禱や呪法に加えて漢方や灸法を動員し、おそらくは、当時の医療水準の最高レベルの治療法を開発し、実践していたと推測される。

このように考えてくるとき、寺院を修行のための宗教施設とのみみる通常のイメージは、大幅に修正される必要がある。

比叡山などの中世の大寺院では、時代の最先端をゆく建築技術をもって、天皇や貴族の邸宅をしのぐほどの壮大、かつ華麗な建物がつぎつぎと建立されていった。その堂内を飾る調度や仏具・仏画には時代の粋をこらした技術が用いられた。それらの寺院の中では学問僧たちが、当時の人びとの要請に応えるべく、より有効な知識や技術の修得とその発展に精魂を傾けていたのである。

このような状況にあった中世の大寺院の実態をひとことで表現するならば、宗教的施設というよりは、むしろ一種の総合大学とみるほうがより適切であろう。

西欧の大学は、もともとは教会に付属する中世の神学校に淵源《えんげん》をもつものであったといわれている。比叡山もまた当時の日本において、それと同様の社会的な役割を担っていたのである。

5　浄土への道

比叡山に入った法然は、ひとまず北谷の持宝房源光という僧の室に落ち着いた。だが、その二年後には東塔西谷にあった皇円に師事するに至る。皇円は神武天皇から堀河天皇までの仏教関係の記事を集めた歴史書『扶桑略記』の著者であり、当時の比叡山を代表する碩学《せきがく》のひとりであった。

皇円のもとに移った久安三年（一一四七）の頃、法然は比叡山の戒壇院で座主行玄より大乗戒を授けられた。受戒とは見習い僧が正式の僧となるための必須の手続きである。この儀式をへてようやく一人前の僧の仲間入りを果たした法然は、皇円のもとで本格的な学問の研鑽にとりくんだ。この時期に法然が主として学んだものは、天台智顗の「三大部」を中心とする天台教学であった。法然の勉学の進展にはめざましいものがあったという。皇円は愛弟子の精進ぶりを喜び大成を期待した。

学者としての道を歩みはじめた法然に、人生の決定的な岐路は思いもかけず早く訪れた。久安六年（一一五〇）、十八歳にして法然は皇円のもとを辞し、叡山のさらに奥にある西塔黒谷の叡空の房に移るのである。以後安元元年（一一七五）まで二十五年の長きにわたって、法然は黒谷に籠って隠遁《いんとん》の生活を送ることになる。

法然が黒谷に入ったことは何を意味しているのであろうか。

すでに述べたように、この時代の比叡山の世俗化は目をおおうばかりのものがあった。それは叡山固有の現象ではなく中世成立期の大寺院に共通してみられるものであり、寺院の領主化にともなう必然的な傾向であった。加えて、上級貴族の子弟が続々と入寺するような状況の中で、座主をはじめとする僧の役職自体が名誉と権勢のシンボルとみなされ、世俗の位階と何ら変わらないものと化していたのである。法然の戒師である座主行玄も関白・藤原師実の子息であった。

他方、世俗化の進展にともなって寺院の内部抗争や大寺院間の紛争もほとんど日常化しつつあった。世間の価値観や生き方とはまったく無縁の世界であるはずの寺院が、いまや俗世間よりも、なお世俗的な次元の問題で争いを繰り広げる巷《ちまた》と化していたのである。

そうした様子を目の当たりにして、学問や実践を志す一部の真摯な僧侶の間には、世間の垢にまみれた寺院を抜け出し、より閑静な山奥に籠って修学に専念しようとする風潮が広がりはじめた。院政時代ごろから流行するこうした行動は「二重出家」、あるいは「遁世《とんせい》」と呼ばれている。遁世した僧は一般に聖《ひじり》といわれ、彼らの住む地は別所《べっしょ》と名づけられた。院政期に流行していた今様を後白河法皇が集成した『梁塵秘抄《りょうじんひしょう》』にはこの別所の様子が、

聖の住所はどこどこぞ、箕面よ勝尾よ、播磨なる書写の山、出雲の鰐淵や日の御崎、南は熊野の那智とかや。

と歌われている。十二世紀後半には別所が各地に形成され、多数の聖たちがそこに群れ集っていたのである。

法然が入った黒谷も、今日の観光の名所、洛北の大原などと並ぶ、比叡山の著名な別所のひとつであった。それゆえ、法然の黒谷入山は、当時流行していた二重出家＝遁世を意味するものであったといえよう。俗臭に満ちあふれた寺内を嫌った法然は、みずからの求道の心に従って黒谷別所の人となったのである。十八歳にして遁世を志した法然の決意に感じた師叡空は、最初の師源光の「源」と自分の「空」の字をとり、源空という名を法然に与えたという。

6　暁を求めて

西塔黒谷別所の人となった法然は、念願通り学問と修行一筋の生活にうちこんだことであろう。黒谷に入った法然は具体的にはどのような修行に励んだのであろうか。

この黒谷には天台浄土教の大成者源信が創始した二十五《にじゆうご》三昧会《ざんまいえ》が伝えられていた。二十五三昧会とは毎月十五日、極楽往生を願って法華経の講説と念仏を行う法会である。またこの時代、別所に隠棲した聖たちの間では、極楽往生を願っての浄土信仰がその修行の中核をなしていた。それは黒谷においても例外ではなかった。そうした雰囲気の中で、法然の関心もしだいに往生浄土の信仰に傾いていったに違いない。

ところが法然の心が西方極楽浄土へと向けられれば向けられるほど、法然の心の中ではあるひとつの疑問が首をもたげはじめた。それは、念仏を唱えることによって本当に浄土に往生できるのかという疑念であった。

「念仏」という言葉を聞くと、私たちが即座に思いうかべるのは口に「南無阿弥陀仏」と称《とな》える「口称《くしよう》の念仏」（称名《しようみよう》念仏）である。だが、念仏には称名念仏の他にも、仏の具体的な容貌を心中に念ずるもの（観想《かんそう》念仏）などいくつかの方法があった。そして、平安時代の浄土信仰ではむしろ観想念仏の方が主流であり、称名念仏はそれにくらべればより低級で不確実な行とみなされていたのである。

さらにまた、この時代には極楽往生を願っての実践は念仏だけに限定されるものではなかった。経典を読むことも戒律を守ることも、堂舎を建て仏像を刻むことも真言を唱えることさえもが、その功徳を浄土に振り向ければすべて往生の助けとなると信じられていた。

源信の教えに傾倒し極楽への往生を願った藤原道長は、浄土の荘厳をこの世に移すべく法成寺に華麗な阿弥陀堂を建立している。また往生をとげたと信じられた人々の伝記を集めた慶滋保胤《よししげのやすたね》『日本往生極楽記』によれば、延暦寺の座主延昌は日ごろ寸暇を惜しんで顕密の法門を学び戒を守り、毎夜、尊勝陀羅尼百遍を唱え、月ごとに法会を催し、法華百部を書写するなどの作善を行ったという。

このように、さまざまな行をたくさん積めば積むほど極楽が近づいてくるとする考えを「諸行往生思想」という。平安浄土教の主流を占めていたこの諸行往生思想からみても、称名念仏は他に功徳を積むことのできない無知無学な下層の民衆にこそふさわしい、方便《ほうべん》(仮の手だて)の行とされていたのである。

しかし、法然はそうした伝統的な称名念仏の位置づけに対しては強い抵抗を感じた。もし観想念仏や多様な諸行の実践が極楽浄土へ行くための必須の条件であるとすれば、それを行うだけの能力や時間的・経済的余裕に欠ける一般庶民は往生の望みを断たれてしまうではないか。誰にでも実践可能な称名念仏だけで、必ず極楽へ行けるという確かな証拠はないものだろうか。——法然はこのように考えはじめたのである。

法然が黒谷での修行時代にすでに称名念仏を重視していたことについて、『拾遺古徳伝《しゅういことくでん》』という法然の伝記に次のようなエピソードが記されている。

法然が黒谷の師の室で源信の『往生要集』の講義を受けていた折に、叡空は念仏を「観」(観想念仏)と「称」(称名念仏)とに分け「観」の優位を主張した。これは『往生要集』の解釈としては客観的にみて妥当なものである。ところが法然は師の説に承服せず、称名念仏こそが根本であると反駁した。弟子から思わぬ反論をうけた叡空は立腹して、傍にあった木枕を法然に投げつけたという。

法然の関心はいまや称名念仏による往生の可否という一点に集中した。口に南無阿弥陀仏と称えるだけで往生できるとする立場を「専修念仏《せんじゅねんぶつ》」という。専修念仏の理論的根拠を見出そうとして、法然は膨大な典籍の山にとりくんでいったのである。

7　本願との出会い

法然の懐いた疑問に対する答えは意外に身近な所に存在した。

ある時『往生要集』を閲読していた法然は、その中の一文に眼を引きつけられた。

もしよく上の如く念々に相続して畢命を期とせば、十即十生・百即百生、

（もし上に述べたように死の瞬間に至るまで仏を想い続けることができるならば、十人は十人ながら、百人は百人ながら必ず往生できる）

これは中国の唐の時代の僧、善導が著わした『往生礼讃偈』という書物からの引用文である。「念々に相続して」という言葉を「称名念仏を続けて」と読んだ法然には、この一節が専修念仏による往生を説くものとみえた。

この善導という人物はいったいどのような人なのであろうか。何を根拠に念仏を称えて確実に往生できるなどと主張しているのであろうか。――こうして善導に興味を懐くようになった法然は、その思想について本格的な研究を開始するのである。

善導の著書を貪るように読みふけった法然は、やがてある書物の中に長年の疑問を氷解させる言葉を発見した。それは『観無量寿経疏』という書にみえる次の一文である。

一心に専ら弥陀の名号を念じ、行住坐臥、時節の久近を問わず、念々に捨てざるもの、これを正定の業と名づく、彼の仏の願に順ずるが故に、
（一心にひたすら阿弥陀仏の名号だけを念じて、いついかなる時にも常に心に留めておくこと、これを正しく往生できるための行と名づける。なぜなら、これこそがかの仏の本願にかなった行だから）

この言葉に出会った瞬間、法然は強い衝撃を覚えた。

――私は、極楽往生とは阿弥陀仏のまします浄土に往生したいと願い、さまざまな功徳を積み重ねることによって可能になるものと思い込んでいた。しかし、それは間違いであった。極楽行きの切符はたとえ私たちが望んでも、自分の力で手に入れられるものではない。仏の慈悲の力（他力）にすがることによって初めてそれが可能にな

るのである。そして、念仏こそは私たちを救うために仏が用意してくれたただひとつの道であった。だから念仏は、他のいかなる行とも比較を絶する絶対確実な往生の行なのだ。——法然は善導の言葉をきっかけとしてこのことを悟ったのである。

しかし、ここでまたひとつの疑問の壁に突きあたる。阿弥陀仏はたくさんある行の中から、なぜよりによって称名念仏を選びとって我々に与えてくれたのであろうか。どうして観想念仏を選択しなかったのか。

その点について、法然は後にその主著である『選択《せんちゃく》本願念仏集』の中で、次のように説明している。

故に知んぬ。念仏は易《やす》きが故に一切に通ず、諸行は難《かた》きが故に諸機に通ぜず、然れば則ち、一切衆生をして平等に往生せしめんがために、難を捨てて易をとり、もって本願とするか。

口に念仏を称えることはだれにでもできるやさしい行である。ところが他の行ではそうはいかない。難しいため実践できない人もいる。だから弥陀はすべての人を救済するために、いちばんやさしい行（易行）である念仏を選んだのだ。

法然は続いてその主張を具体的に展開する。

もしそれ造像起塔をもつて本願となさば、則ち貧窮困乏の類は、定めて往生の望みを絶たん。然るに富貴の者は少なく、貧賤の者は甚だ多し。もし智恵高才をもつて本願となさば、則ち愚鈍下智の者は定めて往生の望を絶たん。然るに智恵の者は少なく、愚癡《ぐち》の者は甚だ多し。もし多聞多見をもつて本願となさば、少聞少見の輩は定めて往生の望みを絶たん。しかるに多聞の者は少なく、少聞の者は甚だ多し。若し持戒持律をもつて本願となさば、破戒無戒の人は定めて往生の望を絶たん。然るに持戒の者は少なく、破戒の者は甚だ多し。自余の諸行も是に準じて知るべし。まさに知るべし、上の諸行等をもつて本願となさば、則ち往生を得る者は少なく往生せざる者は甚だ多し。然れば則ち、阿弥陀如来、法蔵比丘の昔、平等の慈悲に催されて、あまねく一切を摂せんがために、造像起塔等の諸行をもつて往生の本願となさず、ただ称名念仏の一行をもつてその本願となすなり。

遥か遠い昔、法蔵という比丘（修行僧）があらゆる衆生を漏れなく救済しようと決意し、その衆生済度の願がすべて達成されるまでは自分も仏になるまいと誓った。その際に、法蔵比丘は造像起塔（仏像や堂舎の建立）や智恵高才・持戒等を救済の条件とはしなかった。なぜなら、どれをとってもそれに堪えられない人の方が圧倒的に多いからである。かわりにだれでも実践可能な行として念仏を選びとり、それを浄土に往生するための本願としたのである。

その法蔵比丘は、現在阿弥陀仏として西方の極楽浄土においでになる。すべての衆生を救うまでは成仏しないという願を立てていたのだから、法蔵比丘が阿弥陀仏になったということは、すでにその願が成就したことを意味するものにほかならない。したがって、弥陀が選んで私たちに与えて下さった念仏を称えることによって、今やだれの前にも極楽浄土の門は平等に開かれるのだ。――法然は弥陀が念仏を選びとった理由をこのように解釈したのである。

こうして法然は、専修念仏の理論的根拠を「弥陀が与えてくれた念仏」＝「本願の念仏」という点に見出した。念仏は自分にふさわしいものと考えて人間が選択するのではない。衆生救済の本願に基づき弥陀が選びとって授けてくれた行である。だから身分や能力や地位にかかわりなく、本願を信じ念仏を称える者はだれでも弥陀の力によって平等に極楽に迎えられるのである。

いまや念仏は愚者救済の方便の法でも低俗な行でもなかった。弥陀の与えてくれた唯一最高の極楽行きのパスポートであった。専修念仏による絶対の救済を確信した法然は、もはや比叡に留まる必要はなかった。いまや彼がなすべきことは学問や思索ではなく、この確信を実践に移すことであった。

安元元年（一一七五）、法然は住み慣れた比叡山を出て西山の広谷に移り、やがて東山の大谷に居を構えた。法然四十三歳のときのことであった。

第二章　聖とその時代

1　新仏教と旧仏教

法然を嚆矢として鎌倉時代に相次いで勃興する新たな宗教運動——栄西・道元・親鸞・日蓮・一遍らの宗教——は、一般に「鎌倉仏教」あるいは「鎌倉新仏教」と呼ばれている。仏教に対する興味の有無にかかわらず、「鎌倉仏教」という名を一度も耳にしたことのない人はおそらくだれひとりとしていないに違いない。鎌倉仏教はそれほどまでに私たち日本人になじみの深いものとなっている。

なぜ、鎌倉仏教はこんなにも有名なのであろうか。新仏教の系譜を引く浄土真宗・曹洞宗・日蓮宗などが、今日の日本の仏教界で圧倒的に大きな勢力を占めていることもそのひとつの理由に数えられよう。しかしそれ以上に重要なものは、近世の儒学と並んで鎌倉仏教が日本の伝統思想界のピークをなしていると考えられていることである。前近代における最もすぐれた思想家をひとりあげよといわれたとき、大半の人は躊躇なく鎌倉仏教の祖師の名をあげるに違いない。

それでは、鎌倉仏教の思想のどのような点がそういった注目と評価に値すると考えられているのか。これまでも新仏教の意義についてはさまざま論じられてきた。学者が新仏教の特色として指摘するもののうち、その最も基本的かつ最大公約数的なものをあげるとすれば、「民衆的性格」という点ではなかろうか。

鎌倉仏教が生まれる以前にも、日本には「平安八宗」「南都北嶺」などと総称された伝統的な宗派や寺々が存在していた。それらの教団の大半は鎌倉時代においてもあいかわらず仏教界で大きな地位を占め続けていた。法然が入山した比叡山延暦寺はその代表である。鎌倉期に新たに興った仏教が「鎌倉新仏教」と呼ばれるのに対し、古代以来の伝統をもつこれらの教団を「鎌倉旧仏教」と称することもある。

しかし、同じ鎌倉期に併存しながらも、これら新旧二つの仏教の間にはその性格に決定的な相違があった。古代仏教や鎌倉期の旧仏教は鎮護国家の寺として創建されたその基本的な性格に規定されて、結局国家や支配者の安泰だけを祈る「国家仏教」

「貴族仏教」のカラを破ることはできなかった。したがって、そこでは民衆の存在が視野の中心に置かれることはなかったし、民衆個々人の心霊の救済といった問題が真剣に議論されることもなかったのである。

それに対し新仏教は、従来の仏教に欠けていた民衆救済の課題に真っ向からとりくみ、それをみずからの使命とした。そのために彼らはプロの僧侶だけを対象とした伝統仏教の難行苦行を斥け、鎮護国家の任にあたることを拒否した。かわって「信心」を最重視する立場から、あらゆる人々の平等の救済を理論化していった。念仏や題目だけの実践で救済が可能になるというその信念は、民衆救済という課題ととりくんだ彼らの苦悶の中から生まれたものだったのである――。

鎌倉仏教に対する従来の見方を要約すれば、おそらくこのようなものになるのではなかろうか。そして、念仏一行の「選択」「専修《せんじゅ》」を説き、それが万人に開かれた「易行」であることを強調する法然の宗教の成立は、そうした共通の特色をもつ新仏教の時代の幕開けを告げるものとされてきたのである。

2 念仏の系譜

鎌倉仏教に対するこのような評価は果たして適切なものであろうか。私はそうした見方をとることにいささかの躊躇をおぼえざるをえない。それはなぜかといえば、法然以前に民衆を救済の主客に据えた仏教は存在しなかったのか、法然が出現してはじめて庶民に救いの道が開かれたのか、という疑問が残るからである。

私は第一章において、法然が遁世した黒谷などの別所では、すでに多くの念仏聖が住して念仏一筋の生活を送っていたことを述べた。口称の念仏は法然が創始したものではなかったのである。しかもそれらの聖は自分が念仏を称えるだけでは満足しなかった。そのうちのある者は市井へと下って人々に念仏を勧めていたことが知られている。

念仏聖による民衆布教の伝統は、十世紀に活躍した空也《くうや》にまでさかのぼることができる。空也は若い頃から諸国の霊場を巡って修行を重ねたという。彼は全国を遊歴しながら橋を架け道を開くなどの社会事業を行い、また弥陀の名号を称えて庶民を教化していった。

天慶元年（九三八）、空也は三十六歳にして京都に入り、市中を巡りながら庶民に念仏を勧めた。その結果、念仏を称えることが京の人びとの間で流行した。世の人は空也を尊んで阿弥陀聖、あるいは市聖《いちのひじり》と呼んだという。

天暦二年（九四八）、比叡山に登った空也は座主延昌に就いて受戒し、光勝と改名した。その後再び市中での布教に専心し、天禄三年（九七二）七十歳で入滅したとされる。この空也の活動によって、九世紀に慈覚大師円仁が中国からもたらして以来比叡山中で受け継がれてきた念仏は、山を下って貴族や庶民の間に広まりはじめるのである。

その後平安時代も後期に入ると、浄土に往生したとされる人々の伝記を集成した「往生伝」が相次いで編纂された。その中には専修念仏の実践による往生者として、無名の庶民までがとりあげられるようになる。

十二世紀の前半に文人官僚・三善為康によって著わされた『拾遺往生伝』は、延久年間（一〇六九―七四）頃のこととして次のような話を収めている。

近江国野洲郡馬淵郷の住人紀吉住は、これといった財産もなく特に善行に努めようともしない一介の農夫であった。ただ彼は寝食の外、浄不浄を嫌うことなく常に念仏を称えることを日課としていた。その彼がある日突然、「明日私は死ぬであろう」といいだした。その妻は信じなかったが、翌日彼は眠るが如く穏やかに死を迎えたという。

この話から、すでに十一世紀の段階で念仏が衆庶に受容され、紀吉住のように専修念仏によって往生したと信じられた人物もいたことが知られよう。久安年間（一一四五―五二）に出雲上人といわれる念仏聖が四天王寺で催した百万遍の不断念仏には、京中の貴賤がこぞって参加したと伝えられている。口称の念仏による往生という思想は法然の出現を待つまでもなく、平安後期の人々にとってきわめてポピュラーなものとなっていた。当時の人々の眼には、法然もまた市井を徘徊して庶民に法を説く無数の念仏聖のひとりと映っていたのである。

しかもなお重要なことは、専修念仏が日常的な実践として平安後期の社会に定着していただけでなく、それによる往生が法然以前に著名な学僧によってはっきりと主張されていた点であろう。

院政期に活躍した南都（奈良）の学匠永観《ようかん》は浄土信仰の先駆者として名高い。その代表的著作である『往生拾因』において、彼は次のように念仏の功徳を力説している。

今念仏宗にあっては仏の御名を唱える修行は、行住坐臥いかなる状態にあっても実践可能なものである。また、私たちが極楽へ往生したいと願えば、出家・在家・貴賤を問うことなくだれでも迎え入れてくれる。たとえ重罪を背負った衆生でも、ひとたび弥陀を念ずることによってその罪業を消し去ることができるのだ。

なぜ、仏名を唱えることによって、だれしもが罪を滅して平等の往生をとげることが可能なのであろうか。永観のいうところによれば、それは念仏が弥陀の本願の行だったからである。

同じ『往生拾因』において永観は、「一心に阿弥陀仏を称念すれば、本願に随順する行である故に必ず往生できる」という一節を設け、次のように説いている。

善導和尚はいわれた。「行に二種類ある。ひとつには一心にひたすら阿弥陀仏の名だけを念ずること。これを正しく往生できるための行と名づける。なぜなら、これこそが彼の仏の本願にかなった行だから。……」と。ゆえに念仏の行者よ、弥陀の悲願を想い心を尽して称名しなければならない。

ここに登場する善導という人物が、法然が尊敬し全幅の信頼を寄せた中国の学僧であること、その法然が専修念仏の理論的根拠を求め続けた末に発見したものがまさに右の一文であったことに、読者の皆様はお気づきになられたであろうか。弥陀の本願他力の威大さを力説する言葉は、南都を代表する学者として永観と並び称せられる珍海の著作にもみることができる。

『梁塵秘抄』には、

弥陀の誓ひぞ頼もしき。十悪五逆の人なれど、一度御名を唱ふれば、来迎引接疑はず。

(弥陀の誓いこそ頼もしい。十悪五逆といった重罪を犯した人でも一遍その御名を唱えれば、必ず極楽へ連れていってくれる)

という歌が収められている。弥陀の本願を信ずることによって凡夫・悪人だれしもが救われるという思想は、法然を待つまでもなく想像以上に深く当時の人々の間に根を下ろしていたのである。

3 勧進帳の世界

私たちはこれまで、念仏聖を中心に法然以前にすでに仏教を民衆化しようとする動きがあったこと、その結果院政期には、本願の念仏による万人の往生という思想が広く社会に定着していたことをみてきた。そうした動向は遁世の聖だけに限定されるものではない。鎮護国家の担い手を自負する官寺仏教の側にも、平安後期から「民衆化」の志向が顕著となるのである。

「勧進帳」という有名な歌舞伎がある。舞台を直接御覧になっていない方も、そのあら筋だけはご存じであるに違いない。

時は平安時代の末。治承四年（一一八〇）伊豆に旗揚げした兄頼朝のもとにはせ参じた源義経は、機敏な作戦でたびたび平家を下し壇ノ浦での滅亡へと追い込んだ。しかし、その名声と信望に比例して、兄との仲はしだいに険悪なものとなっていった。もはや二人の間がいかんともしがたいことを悟った義経は、ついに兄と一戦交えることを決意し、後白河上皇から頼朝追討の院宣をうけて兵を挙げた。だが蜂起後たちまちのうちに頼朝方の軍勢によって京を追われ、少数の部下とともに逃亡生活を余儀なくされてしまった。

わが方に利あらざりとみた義経は、捲土重来を期してひとたびみちのくへと下り、奥州の覇者藤原秀衡の力を借りることを決意する。しかし、西国から奥州へ下るには厳重な頼朝方の警戒網を突破しなければならない。そこで義経主従は諸国勧進の山伏姿に身をやつして、それをくぐりぬけようとするのである。

ところが北陸は安宅《あたか》の関において、ついに関守富樫左衛門にあやしまれ足止めをくうことになる。その時弁慶は少しもあわてることなく、勧進帳と偽って往来物の巻物を即興で朗々と読みあげ、首尾よく一行を危機から救い出すことに成功するのである。

勧進帳とは寺院の建立や修復などの寄付をつのるための趣意書である。この場合は東大寺再興のための勧進帳であった。

これより先、治承四年(一一八〇)、源平の内乱に巻きこまれて南都奈良の都は紅蓮の炎に包まれた。奈良時代に律令国家の威信をかけて建立された鎮護国家の殿堂東大寺もまた、この業火を避けることはできなかった。大仏殿をはじめ、講堂・食堂・

戒壇等の主要伽藍《がらん》を焼失するなど致命的な打撃を被るのである。

平家が滅亡し内乱が終結するや、朝廷を中心に南都を再興しようとする運動が起こった。

しかし課題は残った。復興の資金をどうするかという問題である。かつて古代においては、官寺創建の費用は基本的には国家の負担であった。天皇と国家を鎮護する官寺東大寺の再建である。今回も朝廷主導で行うのが筋であろう。

だが今度の場合は事情が違った。全国津々浦々まで専制的支配を敷いていた古代律令体制の時代ならいざしらず、当時の朝廷にとって単独での巨大寺院の再建など到底財力の耐えるところではなかった。

そこで登場するのが勧進聖と呼ばれる人々である。彼らは再建の寄付をつのる勧進帳を携えて全国へと散っていった。再興勧進の元締め、造東大寺勧進職に任ぜられ、諸国を回って勧進に努めた重源《ちょうげん》はその代表ともいえる存在である。漂泊の歌人として名高い西行もまた、寄付を求めてはるばると黄金の国奥州に藤原氏を訪ねている。

こうした勧進聖の活躍によって、源頼朝といった有力者から名もなき庶民に至るまで多数の人々の志が集約され、それをもとに東大寺はようやく再建の緒につくことができたのである。

平安時代の末には東大寺のような代表的国家寺院ですら、その再興の資金を衆庶の志納に頼らざるをえなかった。まして国家や貴族といった有力な後援者をもたない中小寺院に至っては、財政の逼迫ぶりは想像するに余りあろう。

この時期にはいかなる寺院も、民衆の間に分け入りその支持をえることなくしては存続が不可能な状況になっていた。大小さまざまな寺々の創建・修造・造仏などを目的とした無数の勧進聖が全国を歩きまわっていた。義経主従が勧進聖に変装したのも、このような背景があったからなのである。

4 官寺の窮乏

こうした官立寺院の窮乏はいったい何に由来するものなのであろうか。

嘉承元年（一一〇六）六月二十日、東大寺は朝廷に対し二カ条からなる要望書を提出した。「堂舎の修理にあてるため、官使を遣わして封戸から税金を徴収してほしい」「国司が寺領荘園を収公（没収）するのをやめさせてほしい」というのがその具体的な内容である。この要望書はまず、聖武天皇の建立以来三百余年にわたって鎮護国家の役割を担ってきた東大寺の歴史をふりかえる。護国の殿堂であるゆえに国家の支えのみに依存し、他のパトロンの個人的な援助を受けないのが東大寺の伝統であると誇らしげに主張している。

しかしながらこの書によれば、まさにそのために寺家は今深刻な危機に陥っているという。本来東大寺には、寺家の用途にあてるため国から三千戸の封戸と一万町の寺田が与えられていた。ところが封戸からの年貢未進や寺領の没収が相次ぎ、いまやかつての十分の一も寺庫に入ることはない。これは役人が信仰心を失い職務を忘れて東大寺をないがしろにしていることによるものである。

聖武天皇の施入状には、「代々の国王が東大寺の檀越である。もし東大寺が興隆すれば天下も栄え、寺が衰えれば天下も衰える」と明記されている。天下が泰平であるかどうかは、ひとえに東大寺の盛衰にかかっている。だから天皇よ、役人に命じて封戸から税金を徴収させ、国司が荘園を収公するのをやめさせていただきたい――。

この要求に対して朝廷は、同年八月五日付でそれを遵行するよう指示を出している。

右の東大寺の要望書には、十一、十二世紀頃に伝統的な官寺が直面していた課題がきわめてリアルに描き出されている。

古代日本においては寺院や僧侶は国家の全面的な監督のもとに置かれ、出家や布教についても厳重な制約が加えられていた。官寺は国家に有用な僧を育成し護国の機能を果たすことを義務づけられ、その代償として国家からの全面的な保護と財政援助（寺田・封戸など）が約束されていた。

ところが国家的寺院の安定した地位はそう長くは続かなかった。官寺のバック・アップしてきた国家体制がしだいに動揺し、充分な支援を保証するだけの余裕を失いはじめたからである。奈良時代に完成をみる日本の古代国家は、一般的に律令国家と呼ばれている。それは中国から取り入れた律令制度と法体系を軸に、天皇を中心とする強力な中央集権国家を作りあげようとするものであった。律令体制のもとではすべての人民は天皇の支配する土地に住む臣民として、租庸調などの諸税を負担することを義務づけられていたのである。

ところが、九世紀頃から律令体制はしだいに動揺し衰退のきざしをみせはじめる。

この制度は、本来戸籍に基づき人民ひとりひとりを完全に掌握することを前提とするものであった。だが、律令制下の苛酷な支配と重税を嫌った民衆は、勝手に逃亡したり与えられた国家の田地（口分田《くぶんでん》）の耕作をやめたりすることによって、それに激しく抵抗した。その結果九世紀後半には、国家はついに律令制による支配を維持できなくなってしまうのである。

律令制支配の崩壊はそこに全面的に依存していた官寺にとっては、ほとんど致命的な打撃となった。その深刻さはたとえていえば、現在の国立大学が突然国からの予算を打ち切られるのに等しい意味をもっていたのである。

かつて官寺の僧たちは親方日の丸のもと、衣食住については何ら頭を悩ますことなく学問や修行に専念できた。ところがいまや状況は一変した。封戸や寺田といった国からの援助にかわるだけの新たな財源をひねり出さなければ、官寺はもはや一日たりとも存続することは不可能になってしまった。寺田を失い封戸からの収入も風前の灯となったことを歎く先の東大寺の要望書には、従来の経済的基盤を喪失する一方、それにかわるだけのものをいまだに確保できないままにいる、過渡期の東大寺の苦悩が浮き彫りにされているのである。

5 勧進聖の活動

さてそれでは、逼迫した財政事情に追い込まれた国家的寺院がとったサバイバル戦略とは何だったのであろうか。そのひとつは荘園を集めてみずからその経営者となることであった。延暦寺が院政期に巨大な荘園領主となっていたことは第一章で述べた通りである。そしていまひとつの方法が、勧進活動によって広く衆庶の寄付を募ることだったのである。

ただし、平安後期に勧進活動が盛んになる背景には寺院側だけでなく、勧進の対象となる民衆の側にも、彼らの社会的な地位や経済状況をめぐる大きな変化があったことを見逃してはならない。

公地公民制を柱とする古代の律令体制のもとでは、人民はある一定の年齢に達すると所定の面積の田地（口分田）を与えられた。その田地は本人の死後、国に返還されることになっていた。そのためこうしたしくみのもとでは、本来人々の間にははなはだしい貧富の差は生じるはずもなかったのである。

ところが、八世紀半ば頃からこの公地公民制の原則が揺らぎはじめ、それにともなって農民たちの間に、もつ者ともたざる者との貧富の差が広がっていった。有力者たちは資金にものをいわせて牛馬・稲銭などの動産や田地を集積する反面、貧しい農民は土地を失って彼らに身を寄せる小作人と化してゆくのである。

八世紀後半から急速に台頭してくるこうした有力農民は「富豪」と呼ばれている。九世紀初頭に編纂された最初の説話集『日本霊異記』は、田中広虫女《ひろむしめ》という資産家の女性にまつわる次のような説話を収めている。

広虫女は讃岐国（香川県）美貴郡の大領の妻であり、牛馬・奴婢・稲・田畠など巨多の富を所有する財産家であった。ところが、彼女はたいへんなけちんぼで、売り物の酒を水で薄めたり、稲を貸すときに法外な利息をとったりすることも平気で行った。そのため、多数の人々がその悪辣な手口の犠牲となり、家を失って他国に流浪するはめに陥った。

『霊異記』によれば、広虫女はこれらの悪業の報いで、死後半身だけ牛の姿になって生きかえったことになっている。その真偽はともかく、この話は当時の富豪層の実態をたいへんリアルに伝えてくれるものといえよう。これらの上層農民はこれ以降も着々と実力を蓄え、やがて「大名田堵《だいみようたと》」と呼ばれる専門の農業経営者へと成長をとげる。彼らは国家への租税貢納を請け負うまでになり、村落の主役としての揺るぎない地位を築き上げるのである。

こうして着々と実力を蓄えていった上層農民たちは、経済的な余裕が生じるにつれて、さらなる上昇をめざす自己の支えとなりうるような精神的な拠り所を求めるようになった。かつて苛酷な税の取り立てに追われ、日々生きるだけで精いっぱいのときには想像もできなかった心のゆとりが、彼らの生活に萌しはじめたのである。そして、彼らの関心を引きつけたものが仏の教えであった。

勧進聖たちはこれらの成長しつつある民衆の要請に応えて彼らの間に飛び込み、仏法を説きつつ寺院への参詣や喜捨を呼びかけた。現在東大寺・東寺・金剛峯寺などに残されている膨大な古文書の中には、平安後期から中世にかけての夥《おびただ》しい数の田畠寄進状が含まれている。その多くはきわめて微細な田地であり、在地の上層農民が聖の勧めに応じて積極的に寄進したものであろう。こうした活動によって集められた田畠や金銭は、中世においては寺院存続の不可欠の財源となるのである。

その意味において民衆に根を下ろすことは、古代律令寺院が中世へと延命をとげる上で避けて通ることのできない課題であったといえよう。民衆を基盤とする中世寺院への変身に失敗したものは、いかに伝統を誇る官寺といえども時代の波にとり残され、衰亡の道を歩むしかなかった。十一・十二世紀を転機として南都七大寺と並び称された大官寺の中でも、変身に成功して巨大領主化してゆく東大寺・興福寺などの諸寺と、それに失敗して衰退していった大安寺・西大寺などの諸寺の間には、はっきりとした明暗の差が現われることになったのである。

6 寺社参詣の流行

在地に根を張ろうとするこうした寺院の努力によって、仏法の理念もまた民衆の間に浸透し定着してゆくことになった。そして、平安時代の後期には庶民にとっても仏教はきわめて身近な存在と化し、人々の意識や行動に影響を与えてゆくのである。

その結果、この時期から霊験あらたかと伝えられる有名寺社への参詣者が爆発的に増加しはじめた。王朝時代の文学には、貴族の子女が京畿の寺社に参詣に出かける場面がしばしば登場する。中でもとりわけ都の人々の人気を集めたのが近江の石山寺と大和の長谷寺であった。

『石山寺縁起』には、『蜻蛉日記』の作者である藤原道綱の母の参籠や、『更級日記』を著わした菅原孝標の女《むすめ》の参詣の姿が描かれている。また、紫式部が石山寺に籠って

『源氏物語』を執筆したという話も古くから伝えられている。

この石山寺以上に貴族たちの参詣のメッカとなったのが、十一面観音を本尊とする長谷寺であった。十二世紀末成立の歴史物語『水鏡』が長谷寺参籠者の会話の形をとっているのも、そこへの参詣がポピュラー化していた時代背景を抜きにしては考えられない。

寺社への参詣・参籠の流行は貴族層だけに留まらなかった。十二世紀に製作された『信貴山縁起絵巻』には、東大寺大仏殿に参籠する人々の姿が描き込まれている。鎮護国家の柱として律令国家の総力をあげて建立された東大寺は、本来庶民が入って祈りをこらすようなたぐいの寺ではなかった。ところが、いまや庶民が気軽に詣でては個人的な願をかける場所と化した。私たちはこの絵巻の中に、官寺として建てられた東大寺がその性格を決定的に変容させた端的な証拠を見出すことができる。

国家に丸抱えにされた古代の官立寺院から、民衆に根を下ろした中世的寺院への変身は、さまざまな側面において寺院の相貌にも大きな変化をもたらすことになった。その典型的な例が寺堂の建築思想の変容である。すなわち、平安時代の半ば以降の仏堂建築においては、仏の世界である内陣に対し、人間の居るべき場所としての外陣の割合が相対的に増加してゆく傾向をみてとることができる。

その具体的な例として次ページに三つの図を掲げよう。飛鳥時代の作風を偲ばせる法隆寺金堂と天永三年(一一一二)に建立された鶴林寺太子堂、そして室町時代の宝幢寺本堂の平面図である。

法隆寺金堂の場合、中央の須弥壇が圧倒的なスペースを占め、礼拝者のいるべき場所には全く配慮がなされていない。飛鳥寺院では金堂を含む中門の内側全部が神聖なる仏の世界であった。そもそもそこは人間がたやすく出入りできる場所ではなかったのである。

ところが、平安時代に入ると仏堂の庇の間《ひさしのま》のさらに前面に孫庇を設け、そこに床を張って礼拝者のための場とする建築が出現する。このように仏の空間と人間の空間を区分するタイプの仏堂は、平安後期には内陣・外陣をもつ建築様式へと発展してゆく。十二世紀に作られた鶴林寺太子堂では、仏の安置される内陣に対して俗人礼拝者の位置する外陣が独立している。さらに堂まわりに縁が設けられるなど、参詣者・参籠者の便宜を考慮した設計となっていることが知られよう。これが室町時代の宝幢寺となると、最初から多数の礼拝者を収容することを前提とした本堂として作られている。

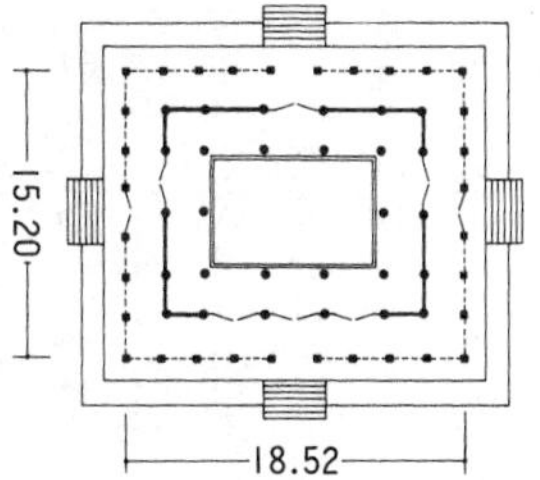

法隆寺金堂

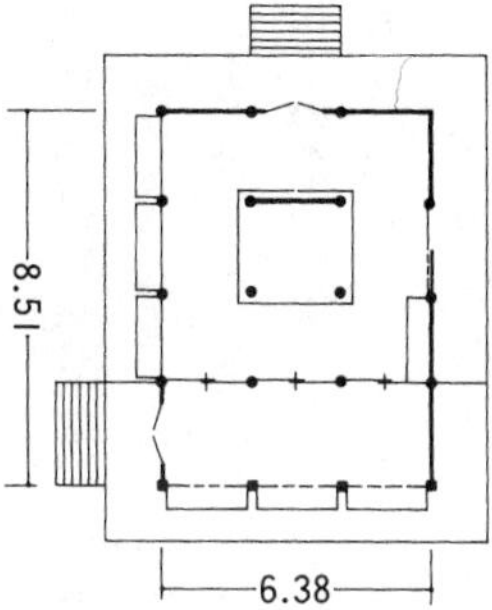

鶴林寺太子堂

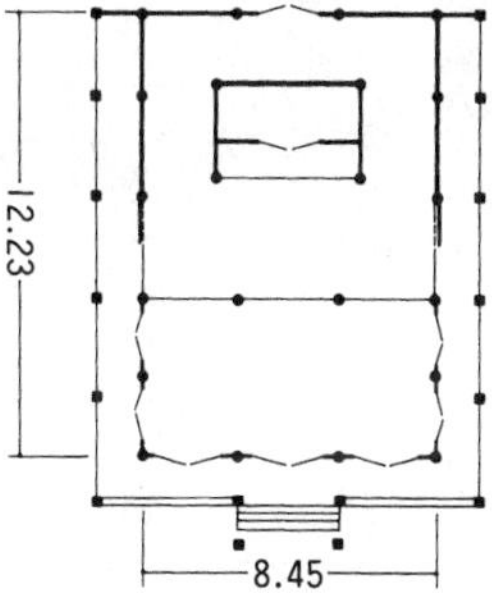

宝幢寺本堂

そして内陣に対する外陣の優位は、真宗や日蓮宗など新仏教系の寺院ではいっそう顕著となるのである。

寺院への参詣者の増大は、他方では新たな仏教芸術の潮流を生み出した。縁起絵巻の成立がそれである。

日本における絵巻の初見は八世紀の『過去現在因果経』にさかのぼるといわれる。だがその全面的な開花は、『源氏物語絵巻』『信貴山縁起絵巻』『鳥獣戯画巻《ちょうじゅうぎがかん》』などの秀作が相次いで出現する、十二世紀を待たなければならなかった。

その際に注目されるのはこの絵巻の主流のひとつに、寺社成立の由来を説いた縁起絵巻と呼ばれるジャンルのものがあったことである。『信貴山縁起絵巻』にはじまり『粉河寺縁起』『当麻曼荼羅縁起』等に受け継がれてゆく系列がそれである。なぜ十二世紀という時期に、こうしたタイプの絵巻が新たに出現することになったのであろうか。

またそこには、前の時代からの伝統を受け継ぐ『源氏物語絵巻』などと違って、庶民の日常生活の場が描かれている。さらに登場人物についていえば、『源氏物語絵巻』が表情の乏しい引目鉤鼻式の類型的描写に留まっているのに対し、縁起絵巻では遥かに身分の低い庶民を扱いながらも、喜怒哀楽の表情に富んだ躍動する個性的な人物として描き分けられている。寺社縁起のこうした「庶民的」ともいえる特色は、何に由来するものであろうか。

この問題を考えようとするとき、まず十二世紀という時代が、勧進聖の本格的な活動開始の時期であったことを想起すべきであろう。

寺院縁起絵巻は寺家の由緒と伝統を伝説的に誇張するとともに、そこに参詣し結縁することがいかに大きな御利益をもたらすかを説くことを基本的なパターンとし、それを可視的に表現したものであった。

こうした絵巻は大幅《たいふく》の軸に仕立てられ、絵解き法師によって寺院に集まった人々に説き示された。また他方では勧進聖が携帯し、各地で住民を前に解説しては布施を募った。したがって、前代までの絵巻のように貴族を鑑賞者として想定するものとは違って、不特定多数の民衆を対象とするため、庶民に身近な場が題材としてとりあげられる必要が生まれた。さらに庶民のために難解な教義をわかりやすく、しかも簡潔かつ具体的に説明しなければならなかった。「説明的」「啓蒙的」「庶民的」という中世絵巻の特色は、こうした性格に規定されたものだったのである。

こうして平安後期の仏教界では、民衆をとりこもうとする努力の中で新たなタイプの寺堂建築が発達し、庶民を対象とする仏教芸術が花開いていったのである。

第三章　異端への道

1　濁世の光芒

法然が出現する以前に、聖たちの活躍を通じてすでに伝統仏教は民衆に根を下ろしてその理念を人々の間に浸透させていた。また他方では、称名念仏によって凡夫・悪人が往生できるという考え方も広く社会に定着していた。そうであるとすれば、法然の開創した新たな宗教の特質を、従来のような意味での「民衆性」に求めることはできない。私たちは法然の宗教の独自性と意義をどこに見出せばよいのであろうか。

念仏だけを称える（専修念仏）ことによって往生できる理由について法然は、それが衆生救済の本願にもとづいて弥陀の選択した行であるがゆえと考えていた。この「本願の念仏」という思想が、日本でも法然より前に南都の永観らによって説かれていたことはすでに述べた。その点からいえば、法然の主張には何ら目新しいものはなかったのである。

ただし法然の場合には、そこから先の解釈に彼の特色があった。彼は念仏によってだれしもが平等に救済されると説く一方、念仏以外のさまざまな行は本願として選び取られたものでないために、いくら実践しても無意味であると断言するのである。

この世にありながら悟りをめざす三乗四乗の聖道《しょうどう》仏教は、正法や像法の時代が過ぎて末法に入って以降、その教えはあってもそれを実践したり悟りをえたりする人はもはやいない。だから末法の時代は「断惑証理《だんわくしょうり》」（煩悩を断って悟りをあらわすこと）の人もいない。断惑証理の人がいないから、生死の束縛を断ち切れる人もいないのだ。（『無量寿経釈』）

法然によれば、当時は釈迦が亡くなってから二千年を経た末法の世であった。釈迦はみずから、自分の説く教えが末法に入るとその効力を失うと予言していた。だから末法に入った今（この当時永承七年〔一〇五二〕が入末法第一年と信じられていた）、伝統的な仏法はすべて人を救う力を失ってしまっている。比叡山に威容を誇る天台の教説も、奈良の名門東大寺や興福寺の教学も、弘法大師入定の地高野山に伝わる真言の哲理も、すべてその魂を失った形だけのものにすぎないのだ。

それでは末法の暗黒の時代に生きる私たちには、絶望しか残されていないのであろうか。いや、そうではない。仏は末法の衆生のためにあらかじめ救いの手はずを整えておかれた。そして、それが往生浄土の信仰なのである。

しかし、極楽往生を願いさえすればどんな修行をしてもいいというわけではない。仏の選択した称名念仏こそが、末法の人々が往生しうる唯一にして無二の道なのである。だから人々よ、形骸化し力を失った既成の信仰をきっぱりと捨て去り、弥陀が私たちに与えられた念仏を実践しようではないか。――法然はこのように主張したのである。

しかしながら法然の教説は、実はその最も核心的な部分に極めて重大な問題を抱えていた。それは、阿弥陀仏が衆生救済の本願として念仏だけを選び取ったという証拠が、どの経典のどの部分を探しても全くみえないということである。

こうした言い方をすると、当然反論される方がいるに違いない。「『無量寿経』の第十八願に出ているではないか」と。確かに法然は弥陀が念仏を選び取った証拠として『無量寿経』の第十八願をあげている。だが、それは客観的にみて妥当な根拠といえるだろうか。

問題の第十八願とは次のようなものである。

たとい、われ仏となるをえんとき、十方の衆生、至心に信楽して、わが国に生れんと欲して、乃至十念せん。もし、生れずんば、正覚を取らじ。ただ、五逆と正法を誹謗《ひぼう》する者とを除く。

（あらゆる人々が私の本願を聞いて心から喜び、私の国に生まれたいと願って十回その思いをくりかえしてもなお生まれることができなければ、たとえ私が仏になれる時がきても、あえて仏にならない。ただし、五つの重罪を犯す人と、正しい仏法をそしる人だけは救済から除く）

法然はこの願こそが、四十八願の中心となる「本願の中の王」であり、念仏によって往生できることを示した願であると主張するのである。

2　仏の選び取った念仏

だがこの法然の解釈には、客観的にみて明らかに二つの論理的な飛躍がある。すなわち第一に、この願が四十八願の中心をなす「本願の中の王」であることを示す根拠はどこにもないこと。第二に、この願にみえる「十念」という言葉を、法然のように「十称」（十遍念仏を称えること）と解釈しなければならない理由はないのであり、素直に読めばむしろ「浄土に往生したいと願う心を十回起こす」ととる方が自然であること。この二点である。

法然はこうした常識を無視して「十念」＝「十称」と解釈した上、これが弥陀の最も説きたかった「王本願」であると強引に主張するのである。

このような解釈上の無理を冒しているゆえに、法然は後に伝統仏教側からこの点を突かれて激しい批判を受けることになった。

――弥陀の四十八の願は、すべて同じ重みをもつ真実の願である。だから第十九願や二十願でいうように、菩提心（悟りを求める心）を起こして念仏以外のさまざまな善行を積んでも、皆弥陀の本願に適って浄土に往生できるはずである。それなのに十八願だけを取り出し、しかもそれを歪曲して念仏だけが往生の原因であるなどと主張するのは、何の根拠もないでたらめである。まして、念仏以外の善行を無駄なこととしてやめさせたりするに及んでは、弥陀の真意を理解していないことによるとんでもない誤りとしかいいようがない。

法然の教説とそれを批判した貞慶や高弁ら伝統仏教僧の見解とを対比したとき、客観的にみれば、「念仏以外のいろいろな行をも、往生の要因として認めるべきである」とする伝統仏教者の方が、経典そのものに対する素直な解釈といわざるをえない。法然よりも前に称名念仏が本願の行であることを説いた永観や珍海も、また法然が拠り所とした善導さえ、極楽往生のために他の行（観想念仏や作善など）を修めることを決して否定はしなかった。むしろ、できるだけ多くの行を可能な限りたくさん積み重ねるほど極楽は近づいてくると考えていた。

浄土に生れるためにはよろずの行を兼ねるべきだが、それができない人はただひとつだけを修めてもよい。但し、だからといって念仏だけを唱えよということではない。(『菩提心集』)

この珍海の言葉がいみじくも示すように、専修念仏とは経済的・時間的・能力的に、いろいろな行を積むだけの余裕のない人が修めるべきものとみなされていたのである。こうした伝統仏教界の諸行往生思想の常識に照らしたとき、念仏だけを唯一の極楽往生の行とし、あまつさえ他の教行の価値を公然と否定する法然の主張が、いかに革命的なものであったかは明らかであろう。しかし、それはあまりにも強引な解釈であった。インド以来の仏教の長い歴史の中で、諸教間の優劣高低が論じられ教相判釈《きようそうはんじやく》は盛行しても、一つの行だけを正法とし他を否定するという論法は前代未聞のものである。それゆえ、ある人はこういうかもしれない。「これは法然の無知無学ぶりを示すもの以外の何物でもない」と。実際に当時の学者はこういって法然を批判した。

しかし、かつて「八宗兼学」の学僧としてならした法然が、自分の解釈の独自性に気づいていなかったとは到底思われない。そう考えたとき私たちがなすべきことは、一見恣意的にみえる法然の経文解釈をあげつらうことではなく、次のように問うことではなかろうか。
「法然があえて経文に独自の解釈を施してまでも主張したかったのは、いったい何だったのか」と。

3 伝統仏教への疑問

この問題を考えるにあたって私たちはまず、法然以前の伝統仏教界において念仏がどのように位置づけられていたかを、改めて確認しておきたい。

法然以前に称名念仏の実践が上下貴賤の間で広く行われていたこと、また弥陀の本願力に乗じての往生といった理念も、永観らによってすでに明確な形で説き示されていたことは先に述べた（第二章第2節）。

しかし、伝統仏教界においては、念仏が末法の世に残された唯一の救いの道とされることはなかった。そこではあいかわらず、念仏以外の行による救済も肯定されていた。のみならず、彼らが往生の行として重視していたのはさまざまな善根功徳の蓄積であり、念仏についていえば称名念仏よりも観想念仏であった。そのため伝統仏教においては、いかに念仏が流行し専修念仏者が増加しようとも、念仏を愚者を導くための方便とみる立場をついに超えることはできなかったのである。
しかも旧仏教の側では、現世にありながら悟りをめざす天台・真言などの「聖道《しょうどう》門《もん》」が、来世浄土への往生を願う「浄土門」よりも、終始宗教的により高い価値を付与されていたことを忘れてはならない。専修念仏は浄土門中の一方便であるとともに、浄土門そのものが聖道にくらべればひとつの方便にすぎなかった。称名念仏は二重の意味において方便劣行というレッテルを貼られていたのである。

称名念仏は「劣根の一類」（能力のない人）に授くべきものである。あなた（法然）はどうして天下の人々すべてを、念仏しか実践できない「下劣の機根」（宗教的能力に欠ける者）などときめつけるのであろうか。無礼の到りである。

法然を批判した書物『摧邪輪《ざいじゃりん》』にみえる右の言葉は、そうした伝統仏教側の念仏観を端的に示している。この書の著者明恵上人高弁は『鳥獣戯画巻』で有名な京都の高山寺の開山である。華厳の学匠として名高い人物であった。
称名念仏は世俗社会でも、身分の高い人々の間ではあまり評判のよい行ではなかった。

死後北海の龍に化生したという伝説を残す堀河天皇が、危篤状態に陥ったときのことである。いまわのきわの苦しい息の中で、数遍の念仏がその口をついて出た。そばにあって看病に努めていた讃岐典侍《さぬきのすけ》藤原長子は、「お元気なときは、局の下働きの者でさえ念仏など不吉なことと思うのに」との感想を日記に書き留めている。

また鎌倉時代に無住《むじゅう》という僧によって編纂された説話集『沙石集《しゃせきしゅう》』には、鎌倉のある有力者に仕える童女が、正月元日に念仏を称えているのを主人にとがめられ、罰をうけた話が載せられている。「よりによって、こんなめでたい日に、人が死んだかのように念仏を称えるなどとはとんでもないことだ」と折檻を加えた主人は、彼自身、金色の阿弥陀の立像をそなえた持仏堂をもつ浄土信仰の徒であった。

「念仏とは人が亡くなったときや、しもじもの者がなすべき下劣で不吉な行」――念仏が社会に定着したかにみえる平安後期以降においてさえ、身分の高い人々の間では念仏はこのようなイメージでもってみられていたのである。

だが法然はこうした念仏の位置づけに対して疑問を懐いた。その疑問を突きとめた結果、彼は浄土門こそが末法にふさわしい教えであり、なかでも称名念仏が弥陀の選び取った唯一真実の行であるとの結論に達した。ここにおいて、従来伝統的な教行に比較すれば低級でまがまがしい行にすぎないとみられていた念仏は、立場を逆転してそれらをしのぐ至高の教えとされるに至った。それまでその権威に対していささかも疑問を突きつけられることのなかった既存のすべての仏法は、いまやその存在意義そのものを根底から問い直されることになったのである。

しかしそれにしても、法然はなぜ念仏による万人の往生を説くだけで満足せず、念仏以外の往生浄土の教えや聖道仏教を否定しなければならなかったのであろうか。しかもそのために彼は、経典に対してかなり無理な解釈を加えざるをえなかったのである。

4　支配と救済

その理由は、法然が伝統仏教のあり方に対してかなり根本的な点で疑問を懐いていたことによるものと思われる。

法然が僧侶としてのスタートを切った十二世紀半ばには、すでに念仏は民衆層を中心にかなりの広がりをみせていた。だが大寺院に住む学識を誇る僧たちは、ごく一部の例外を除いてみずからは積極的に念仏を実践しようとはしなかった。なぜなら、彼らは念仏に対してある種の偏見を懐いていたからである。

——私たちは学問も知識もあり、戒律も守っている善人である。だから念仏によって死後の往生などを願わなくとも、天台や真言等の修行を積むことによってこの世にありながら悟りを開くこと（即身成仏）ができるのである。念仏とは私たちの行っているハイレベルの学問や修行に堪えられない、愚かで賤しい人々にこそふさわしいものなのだ。

また、俗人の中でも権勢ある者が重視していたのは、むしろ多額の金銭と時間を必要とする造像起塔や写経などの善行であった。下賤の者が行う念仏などよりもそうした行の方が確実に浄土に迎えられると信じられていたからである。

法然はこうしたおごれる僧侶や権力者に対し、強い憤りの念を抑えることができなかった。

末法の時代に入ると、天台も真言も他のすべての教えもみなその力を失い、形だけの存在になるということは仏みずからが予言されていたことである。また、末法の世には人々の命が濁り悪い行いを好むようになることも、経典にはっきりと書いてある。ところが、かの連中は自分たちが末法に生きる悪人であることを忘れ、善人ぶって意味のない修行や学問に精を出し、形式的な戒律にしがみついている。しかも彼らは、日々生活に追われながら真剣に救いを求めて念仏を称える民衆を、高みに立って見下しているのである。

法然の眼にはこれらの旧仏教の僧侶や権力者たちが許し難い偽善者と映ったに違いない。しかも、法然は彼らの信奉する教学にいまひとつの欺瞞が隠されていることを鋭く見抜いていた。

第二章でも述べたように、律令国家の支配から離れた国立寺院は平安時代の半ばから貴族や民衆へと布教の手を広げるとともに、他方では領地を集積して大土地所有者＝荘園領主への道を歩みはじめた。また、そうして得られたみずからの利権を防衛するために寺僧の武装化が推し進められた。

法然らの祖師が登場する平安末から鎌倉時代は、大寺院の領主化の動きがピークに達した時代であった。延暦寺や興福寺などの諸大寺院は、天皇家・摂関家顔負けの強大な荘園領主への変身をとげていた。その頂点である座主をはじめとする寺内の要職は、天皇家や上級貴族出身者によって独占されていたのである。

広大な土地を所有し多数の住民を支配する中世の大寺院のありさまは、封建領主の姿そのものであった。こうした状況のもとで民衆に寺家への結縁と土地や金銭の寄進を勧めることは、宗教的なベールを取り去ってみれば、領主としての寺院の支配のもとに民衆を繰り込む行為以外の何物でもない。事実、そのような形で寺院に集められた資産は、寺の重要な財政基盤となった。またひとたび寺院の支配のもとに入った人々がそこから離脱したり寺家に反抗することは、寺への敵対として仏罰が下ることが強調されたのである。

このような私の主張に対し、旧仏教の民衆化によって彼らにも仏の光が届き、救いが約束されたという側面をこそ積極的に評価すべきではないか、と批判される人もあるかもしれない。

古代において仏教は民衆とは無縁の存在であった。それに対しいかなる形にせよ民衆を対象とする仏教が成立した点にこそ、注目すべきではないかという主張は、ある意味ではもっともな意見である。たしかに平安後期における旧仏教の民衆化の努力によって、念仏などの「易行」の信仰は多くの人々の間に広まりつつあった。

しかし、ここで平安期の旧仏教における念仏の位置を改めて想起していただきたい。法然が念仏以外の行を否定するのに対し、旧仏教では念仏以外の諸教の意義も認められていた。むしろ念仏よりほかの天台・真言などの伝統的教行の方が高く評価され、称名念仏はそれを実践できない愚かな人々がなすべき「方便の教」と考えられていたのである。

これらのうち伝統的な教行の実践者は旧仏教の僧侶であった。それに対し、方便の劣行としての念仏を行うのは新たに仏教に結縁した民衆たちであった。そこには高度な修行（難行）を実践する僧と、下劣で簡便な行（易行）に甘んじる在俗信徒という、実践方法の二重構造があったのである。

二重構造があったのは修行法だけではない。その実践によってもたらされる救済内容についても、やはり明確な上下の区別があった。平安浄土教においては往生する浄土に、上品上生《じょうぼんじょうしょう》から下品下生まで九つのランクがあった。そして称名念仏のみで往生しようとする者の指定席は、最下位の下品下生であった。要するに信仰の世界においても来世においてさえ、常にプロの僧侶は上位に置かれ在俗信徒は下位に位置づけられたのである。

このような宗教理念が、封建領主としての大寺院の高僧とその配下の住民たちとの間にあった。現実の支配 - 被支配の関係をそのまま投影したものであることは明らかであろう。

諸仏諸行による多様な救済を認める旧仏教の論理は、決して諸宗間の「和」を尊んでのものでも、寛容の精神に基づくものでもなかった。むしろ現実社会において寺家の隷属下にあった民衆の位置を、教理的な面から正当化する役割を果たすものであった。信徒はこの世でもあの世でも、永遠に寺僧の下位に位置づけられていたのである。

5　弥陀の真意をたずねて

法然は伝統仏教の信仰体系の背後に隠されたこの欺瞞を鋭く見抜いた。

彼がかつて錫《しゃく》を留めた比叡山には長い修練を積み、高い学識を身につけた僧侶がいた。それに対し、彼が山を降りてから接した市井の庶民は、学問や知識の面では比叡山の僧とは比較にならなかった。

しかし、法然の眼には在俗の民衆の方が遥かに真剣に、純粋に法を求めているように映った。僧たちは民衆を支配しその収奪によって生計を維持しながら、彼らを見下していた。対照的に、信仰を生活の手段としない信徒たちのなんと真剣だったことか。法然が流罪となった折に、播磨国（兵庫県）室《むろ》の泊《とまり》で遊女に示したという説法が伝えられている。

弥陀如来はあなたのような罪深き人間のために誓いを立てられたのです。しいて自分を卑下する必要はありません。弥陀の本願を頼んで念仏すれば往生は間違いないのです……。

遊女たちはどのような人をもわけへだてなく救い取る弥陀の慈悲の広大さに感激し、涙をおしとどめることができなかったという。

法然が愛し信頼したのは、何よりもこれら市井の名もなき庶民たちであった。親鸞が書き記した、「浄土宗のひとは愚者になりて往生す」（親鸞書簡）という法然の言葉は、彼のそうした精神を端的に表わしている。また同じ親鸞の書簡には、訪ね来る門徒に対する法然の態度が記されている。無学ではあっても純朴に救いを求める人に接するときはにこやかに励まし、のちに「あの人は必ず往生できるに違いない」と語った。反面学識をひけらかすような人については、「往生はどうであろうか」と救済をいぶかしがったという。

民衆門徒は確かにプロの僧のように、学問もなければ難しい修行に挑戦するだけの時間的な余裕もなかった。また権力も資産ももたない彼らは、壮大で華麗な伽藍を建立し荘厳するための経済力にも欠けていた。しかし、彼らは財産も学識もないゆえに、みずからの罪深き人生をありのままにみつめ、自力《じりき》の限界を痛感することが可能であった。念仏以外には実践できる行をもたないゆえに、一筋に弥陀の誓いを信じ往生を願うその純真でひたむきな姿勢は、出家者をもしのぐものがあった。ところが当時の仏教界の常識では、形骸化した修行にしがみつく僧や、金銭で極楽行きの切符を手に入れようとする権力者の方が、彼ら以上に仏の祝福をうけて、より確実に救われると信じられていたのである。

法然はこうした常識に疑問を懐いた。仏教が本来苦しみ悩むあらゆる人々の済度をめざすものであるとすれば、まず第一にその救いの光は最も虐げられた人々、差別された人々にこそ向けられるはずではないか。反対に、民衆救済という仏教の根本精神を忘れ難解な学問をもてあそぶ旧仏教の僧や、すべてを金でかたをつけようとする権力者たちは、もはや信仰者の名に値しないのではなかろうか。それなのに純真な信仰をもつ民衆が、偽善ぶった僧侶や権力者よりも宗教的に下に位置づけられるというのは、仏の真意がきっとどこかで間違って伝えられてきたに違いない。――こうした疑問をもった法然は、彼の信念の正しさを経論の中から探り出して証明することを生涯の課題としていったのである。

法然が経文に対して施したこじつけともいえるほどの強引な解釈は、この課題に対する彼なりのひとつの解答であった。それゆえ、法然は当時の仏教界の常識に反する新たな解釈をとりながらも、決してそれを恣意的なものとは考えなかった。その読みこそが釈迦の、そして弥陀の心にかなったものであり、自分こそが今まで隠されていたその真意を発見した者であると確信していたのである。

法然の選択本願念仏の論理は、単にあらゆる人々が弥陀の救いの正客であることを説いたものではなかった。伝統仏教の諸行往生思想が世俗社会での差別をそのまま仏の世界にもちこむものであることを見抜いた法然は、それを克服すべく念仏以外の諸教の価値を否定することによって、身分や学問や権勢とは無関係に、すべての人間を唯一の救済主である弥陀の前に平等に位置づけようとした。そして、弥陀の本願に対する「信」のみを往生の条件とすることによって、本願の光が難しい修行や学問にとりくむ僧侶や金にまかせて善行を積む権力者にではなく、無学無知ではあっても純真な求道心をもつ庶民にこそ降りそそぐものであることを示そうとしたのである。

6　法然と親鸞のあいだ

法然の教えを受け継ぎながらも、伝統仏教者や権力者に対し、より厳しい批判の論理をとぎすましたのがその弟子親鸞であった。

承安三年（一一七三）、中流貴族日野有範を父として生まれた親鸞は、治承五年（一一八一）の春出家して青蓮院の慈円の門に入った。前年東国では源頼朝が挙兵し、畿内でも東大寺が焼けるなど騒然とした世情にあった時である。

以後久しく比叡山で堂僧としての生活を送った親鸞に訪れた人生の決定的な転機は、建仁元年（一二〇一）の法然との出会いであった。京都の六角堂に参籠中、夢告（夢の中でのお告げ）によって法然を訪れその門下となった親鸞は、たちまち法然の説く思想とその人柄に魅せられ、心底から彼に傾倒するようになった。かつて仏教界の名門比叡山での二十年もの長きにわたる精進練行によっても、ついに発見できなかった真の救いの道と理想の教団の姿を、親鸞は法然の教えと吉水の法然教団の中に初めて見出すことができたのである。そして親鸞の感動は、やがて元久二年（一二〇五）、法然から『選択本願念仏集』の書写を許されることによって絶頂の時を迎えることになった。

しかし運命は残酷であった。法然との最初の出会いからわずか六年後の建永二年（一二〇七）、専修念仏に加えられた大弾圧によって、法然と親鸞はそれぞれ土佐（高知県）と越後（新潟県）へと流罪になった。そして、その別れはついに一生の別れとなってしまったのである。

越後に流された親鸞は、罪を許されてからも法然のいない京都に帰ろうとはしなかった。北陸から関東へと向かい、そこで本格的な教化を開始した。常陸《ひたち》（茨城県）の稲田では主著『教行信証』を著わしている。

親鸞が再び京に姿を現わしたとき、彼はすでに還暦の齢を迎えていた。以後彼は洛中を転々としながら、著述活動と書簡を通しての東国門徒の指導を精力的に行った。没年は弘長二年（一二六二）。九十歳という長寿であった。

法然と親鸞との関係について、今日では法然が浄土宗の教祖とされているのに対し、親鸞は浄土真宗の開祖とされている。だが親鸞に、法然と異なる新たな一宗を建立する意図が本当にあったかどうかはきわめて疑問である。

阿弥陀仏は姿を変え、わが師である源空（法然）上人として、この世におでましになった。源空上人はこの世での衆生救済の縁が尽きたので、浄土へとお帰りになったのだ。

七十六歳の時に著わされた『高僧和讃』で、親鸞は在りし日の法然を偲びつつこのように述べている。親鸞にとって法然とは、浄土の信仰へと導いてくれた尊敬すべき師に留まるものではなかった。西方極楽浄土にいる阿弥陀仏が、民衆を救済するために仮に人間の姿をとって現われた「弥陀の化身」、それが法然にほかならなかった。そしてこの信念は生涯を通し強まることはあっても、決してすたれることはなかったのである。

たとえ法然上人にだまされ、念仏して地獄に堕ちることになっても、私は決して後悔はいたしません。(『歎異抄』)

親鸞にとって法然は、地獄までもつき従うべき絶対の師であった。その親鸞が法然の教えを不完全なものと考えたりすることはあるはずもない。まして師の教えに飽き足らずに新しい宗派を開くなどということは、絶対にありえないことであった。したがって、親鸞自身にとっては法然と死別した後の新たな宗教的境地の開拓は、法然を越えることではなく、測り知れない奥行きをもつ法然の精神世界を追体験することであった。みずからの信仰体験が深まりゆくことがとりもなおさず親鸞にとっては、「弥陀の化身」であった法然に一歩一歩近づくことにほかならなかったのである。

しかしながら、そのことは親鸞の思想が法然と全く同じものであるとか、その亜流に留まるものであるとかいったことを意味するものではない。親鸞はその主観においては尊敬する師法然にどこまでも忠実であろうとした。だが親鸞がそのような意図をもっていたことと、実際にできあがった彼の思想が客観的にみても法然と同じであったかどうかは、全く別の問題なのである。

事実、親鸞には法然を越える独自の思想の展開をみてとることが可能である。次節ではいくつかの点について、具体的に親鸞の切り拓いた新たな思想的地平をみてゆくことにしたい。

7 外に賢善精進の相を現ずることをえざれ

親鸞も法然と同様、当時を釈迦滅後二千年を経た末法の時とみていた。釈迦自身が予言したように、伝統的な教えによってはもはや救われることのない暗黒の時代がすでに到来していたのである。

ただし、同じく末法を伝統仏教の効力喪失の時としながらも、師法然と親鸞の主張の間には微妙なニュアンスの差があった。法然の場合、伝統仏教を否定する言葉にはやや曖昧さがつきまとっていた。ところが親鸞では、既成の教行が全く無価値であることがはっきりと断言されるのである。

末法の濁りきった世の衆生は、いくら聖道の修行に励んだとしても、ひとりも悟りをえることはできないと、教主釈尊はお説きになっている。(『高僧和讃』)

このような見方からすれば、現世で悟りを願う天台・真言などの修行にいそしむことは、無意味な行への拘泥以外の何物でもないことになるであろう。しかし、形だけでも仏道修行を実践している人はまだましであった。当時の南都北嶺の僧侶の多くは、修学を忘れて蓄財や戦闘にあけくれる毎日であった。

僧や法師といった名称は、尊いものと聞いていたが、このごろでは釈迦に敵対した提婆《だいば》の定めた五邪の法のように、いやしいものにつける名になりさがっている。
(『正像末和讃』)

親鸞の眼からみたとき、彼らはもはや僧の名に価する人間ではなかった。むしろ釈迦を迫害した提婆のように、仏教の破壊者の名がふさわしい。——親鸞は伝統仏教界に容赦ない批判を加えるのである。

親鸞によれば当時の人々がまずなすべきことは、この世にありながら自力で悟りをえようなどとする無駄な試みをきっぱりと捨て去ることであった。体裁を取り繕ろうことなく、煩悩にまとわれたありのままの自分の心と姿をみつめ、ひたすら弥陀の慈悲を頼むこと。これこそが末法の人々に残された唯一の救いの道だった。

諸仏諸行の放棄と弥陀一仏に対する絶対の信。そして専修念仏の実践。――親鸞はこのみずからの主張を裏づけるべく、経文や先学の言葉に対し法然以上に独自の読みと解釈を施してゆくのである。

善導の『観無量寿経疏』「三心釈」についての彼の解釈は、その代表的なものである。まず善導の言葉をあげよう。

経に、一に至誠心《しじようしん》というは、至は真なり。誠は実なり。一切衆生の身・口・意業に修するところの解行、必ずすべからく真実心の中になすべきことを明さむと欲す。外に賢善精進の相を現じ、内に虚仮を懐くことをえざれ。

右の傍線の部分を親鸞は、

外に賢善精進の相を現ずることをえざれ。内に虚仮を懐けばなり。

と読みかえているのである。この両者の違いがおわかりであろうか。

善導は外づらだけ飾って、内心に偽りがあってはならないと説いていた。つまり外も内も、ともにまことの姿を貫くべきであるとしていた。ところが、親鸞はそうは考えない。

　我々凡夫は本来煩悩に縛られた存在なのだから、悪いものであると思わなければならない。（『末燈鈔』）

末法の凡夫の心は、本質的に煩悩に覆われた虚仮（うそ偽り）なるものであり、もはやそれはどうしようもないことなのだ。そうであるとすれば無理に外面の体裁だけを整えたとしても、内心が虚仮のままなのだから必然的に偽善に陥ることは目に見えている。そんなことになるくらいなら、いっそのこと外には悪人として振る舞い、内心には偽りの心を懐いた日常のありのままの姿で念仏した方がずっとよい。なぜなら、阿弥陀仏の本願も、煩悩に汚された末法の悪人を救済するために起こされたものなのだから。——親鸞はこう主張したのである。

しかし、善導のもとの文と比較した場合、読み方だけを問題にすれば親鸞の誤りはあまりにも明白である。なぜ親鸞はあえてこのような独自の読みを施したのであろうか。

「善人ぶるな。偽善者であってはならない」

この言葉の背後には、「外に賢善精進の相を現」ずることができないゆえに、みずからが悪人であることをリアルに認識できる当時の民衆に対する親鸞のあたたかなまなざしがある。と同時に、「賢善精進の相を現」じて善人ぶり、民衆を見下している僧侶や権力者への激しい憤りがこめられていた。親鸞はこのような独自の読みの中に、悪人たらざるをえない民衆に対する共感と、自己の悪人としての本質を理解できないままに善人ぶった振る舞いをとる特権階級に対する、怒りの気持ちを示そうとしたといえよう。そして、親鸞も法然と同様、こうした解釈こそがたとえ伝統教学の常識には反しても、仏の真意にかなったものと確信していたのである。

親鸞は同時代がいかんともしがたい末法の五濁悪世であり、そこに住む人間もあらゆる自力の救いに漏れた悪人であることを徹頭徹尾強調し続けた。そのことによって親鸞は、弥陀の他力の力を無条件に信ずることこそが、人々に残された唯一の救済の道であることを示そうとしたのである。

この親鸞の論理は、真宗の教学では「二《に》種《しゅ》深《じん》信《しん》」と呼ばれている。まず第一に、自身が一切の救いから閉め出された「罪悪生死の凡夫」であると信ずる。次いで、そうした自分をさえ救い取ってくれる本願の威大さを信ずる。――親鸞によれば念仏者はこの二点を深く心に刻みつける必要があった。

まことに親鸞にとっては、この現実世界は厭うべき穢土以外の何物でもなかった。蛇やさそりのごとき悪人が群れ集うこの娑婆世界には何ひとつ真実はないというのが、彼の現状認識だったのである。

もちろん、「厭《おん》離《り》穢《え》土《ど》　欣求《ごんぐ》浄土《じょうど》」という浄土教の基本的なテーゼにも知られるように、現世を厭い嫌って来世を欣《ねが》うことは中国浄土教以来の伝統であった。とくに法然においては、その現実否定は彼以前の平安浄土教とは比較にならないほどの質的な深まりをみせていた。しかし、親鸞の自己をみつめるまなざしの厳しさや現実否定の強烈さは、法然をさらに上回るものがあった。

浄土真宗に帰すれども
真実の心はありがたし
虚仮不実のこのみにて
清浄の心もさらになし

外儀のすがたはひとごとに
賢善精進現ぜしむ
貪瞋《とんじん》邪偽おほきゆへ
奸詐《かんさ》ももはし身にみてり

悪性さらにやめがたし
こゝろは蛇蝎《だかつ》のごとくなり
修善も雑毒なるゆへに

浄土真宗に帰入しても
まことの信心をもつことは難しい
うそ偽りだらけの我が身には
清らかな心などはひとかけらもない

外面の姿だけはみんな
善人ぶって修行に精を出しているが
むさぼりやいかりのよこしまが多いため
人をだまそうとする心が身にあふれている

悪の本性は全くとどめがたく
心は蛇や毒虫とちっとも変わらない
たとえ善行を修めても煩悩の毒が混じるから

虚仮の行とぞなづけたる
无慚《ざん》无愧《むき》のこのみにて
まことのこゝろはなけれども
弥陀の廻向《えこう》の御名なれば
功徳は十方にみちたまふ

偽りの行と名づけるのである
恥しらずな我が身には
真実の信心はないけれど
弥陀から与えられた本願の名号であるから
その功徳はあらゆる世界に満ちている

右の文は、親鸞の『正像末和讃』の中の「愚禿《ぐとく》釈悲歎述懐」といわれる部分の一部である。ここには一宗の開祖としての悟りすました顔は全くみられない。煩悩にまみれた凡夫としての、赤裸々な告白だけがある。この言葉をみるとき、親鸞の思想が日本における「否定の論理」の頂点に位置するといわれるのも確かにうなずけることであろう。

だが、私たちはこうした言葉のみにとらわれて、現実否定の論理を極めたといわれる親鸞の思想そのものの中に、現実の人生と社会を全面的に肯定する論理への転換が用意されていたことを見落としてはなるまい。

9 悪人の誉れ

海や河に網を引き釣をして世を渡るものも、野山に獣を狩り鳥を捕って命をつなぐ者も、商いをしたり田畠を耕して生活するものも、罪業の深さは変わるところがない、と親鸞聖人はおっしゃられた。また、宿世の因縁に導かれるのであれば、どのような振舞いをすることがあってもよい、ともいわれた。ところが今の人々はいかにも後世者《ごぜ》（往生を願う人）ぶった様子をして、善人だけが念仏する資格があるなどといったり、念仏道場に「何々をしたものは立入禁止」などといった張り紙をしたりしている。これは聖人が批判された、「外に賢善精進の相を現じ、内に虚仮を懐」く姿である。本願に救われることを誇ってつい作ってしまう罪も、宿業のもよおすものにほかならない。だから善につけ悪につけ、宿業にさしまかせてひとえに本願を頼むことこそが、他力の信仰というものなのだ。

これは唯円の『歎異抄』に書き記された親鸞の言葉である。ここでは親鸞は、漁師も猟師も商人も農民も障りの重さになんら差はないと述べている。

現代に生きる私たちが、この言葉の意味を正確に理解することは決して容易ではない。今ではだれもこれらの人々を障りある者＝悪人とは思わないからである。しかし、親鸞の生きた中世では違った。猟師や漁師はもちろん、武士も商人も農民もみな悪人とみなされていたのである。

それはなぜか。猟師などが殺生をなりわいとしているからであることはまだ理解できよう。それと同様に農民もまた、耕作することによって土中の虫を殺す悪人と考えられていた。商人も品物を安く買って高く売ること、その行為自体がやはり戒律に照らして罪業とされていた。要するにこの時代には仏教的な視点からすれば、生きるために働くことはほとんどすべてが罪業を犯すことに直結していた。そのため、まことの救済をえるためには、そうした罪深い生活をきっぱりと捨て去る必要があると信じられていたのである。

十二世紀前半に編纂された説話集『今昔物語集』には、次のような説話が収められている。

今は昔、陸奥国に壬生《みぶ》良門《よしかど》という武士がいた。「人を殺し畜生を殺すを以て業《なりわい》」

とし、「夏には河に行きて魚を捕り、秋は山に交わりて鹿を狩る」という荒々しい生活を送っていた。その頃、やはり陸奥国に空照という聖人がいた。空照は良門の悪行を見かねて彼の家を訪ね、教えを説いた。「罪を造る者は必ず悪道（地獄・餓鬼などの悪い世界）に堕ちる。これが仏の教えられたところです。君も殺生をやめて慈悲と忍辱《にんにく》の衣を身にまとい、財産を捨てて功徳を積みなさい……」。空照の導きによって道心を発した良門は、「弓箭を焼き、殺生の道具を壊し」て永く殺生をやめることを決意した。その後十余年の歳月をかけて『法華経』千部の書写を終えた良門は、「兜《と》率天《そつてん》に昇ります」と言い残し、端座し合掌したまま亡くなったという。

また鎌倉期は、戒律の復興が叫ばれ律宗が仏教界の中で大きな地位を占めた時代であった。西大寺の叡尊や忍性は律宗の中でもとくに有名な人物である。彼らは衆庶に戒律の護持を勧め、悲人や「癩者」に対する慈善救済を行った。さらに戒律励行の一環として殺生禁断を説いて、宇治川などの網代《あじろ》（魚をとるしかけ）を破却させている。

要するにこの時代の常識からいって、狩猟や漁撈は成道の障害以外の何物でもなか

った。『梁塵秘抄』には生活者の罪意識を詠んだ、

はかなきこの世を過すとて、海山稼ぐとせし程に、万の仏に疎まれて、後生我が身を如何にせん。

という歌が収められている。殺生をこととするそうした下賤な職業からは、できれば足を洗うことが望ましいと考えられていたのである。

ところが親鸞の場合は違った。彼は他の著作では、「猟師や商人などさまざまな者たちは、みな石ころのようなつまらない存在である私たちのことである」(『唯信抄文意』)と述べている。

この世の中には、たまたま手を汚さずにすむ恵まれた職業に就いたり、戒律を守る清らかな生活をしたりすることによって、偶然にも罪を作らないですむ人がいるかもしれない。しかし、そうした人々でも本質的には猟師や漁師と何ら変わりはない。なぜなら末法に生まれあわせた人々で悪人でない人間はいないのだから。――親鸞はこのように主張することによって特定の人々を悪人として差別することを否定した。人

はその宿業にしたがって、ありのままの生活をすればよい。弥陀の本願はこうした悪人を救うためにおこされたのである。かつて罪深きもの・賤しきものとされた庶民の従事する狩猟・漁撈・商業・農耕などの仕事は、親鸞にとってはもはやいとうべきものではなかった。むしろ戒律にしがみつく清僧など以上に救済に近い職業とされたのである。

偽善を憎み日々尊い汗を流す民衆に光をあてようとした親鸞は、ついに彼らの日常生活そのものを全面的に肯定する論理を生み出した。いまや民衆はだれにもはばかることなくみずからの生業に従事しながら、仏の光に照らされていることを確信できた。たとえ外面は罪深い生活を送ろうとも、彼らの内なる生命には仏から分かち与えられた真実の信心の命が脈打っていた。しかも、彼らの上には常に諸天善神が、影の身に添うごとく念仏者を守護しようと見守り続けているのである。

南無阿弥陀仏をとなふれば　　梵王帝釈帰敬《ききょう》す
諸天善神ことごとく　　よるひるつねにまもるなり

南無阿弥陀仏をとなふれば　四天大王もろともに
　よるひるつねにまもりつゝ　よろづの悪鬼をちかづけず
南無阿弥陀仏をとなふれば　堅牢地祇は尊敬す
　かげとかたちのごとくにて　よるひるつねにまもるなり

（『現世利益和讃』）

ドイツの著名な社会学者マックス・ウェーバーは『プロテスタンティズムの倫理と資本主義の精神』において、世俗の営み、とくに商業活動を天職として肯定するカルビニズムが、商業に対する卑賤観をとりはらって資本主義の精神的土壌を準備したことを明らかにした。これまでみてきたような親鸞の思想の特色に加えて、後には近江商人のように真宗門徒の中で積極的に商業活動に従事する者も出現する。近年歴史上に果たしたカルビニズムと真宗の役割の類似性を指摘する研究がみられるのもそうした両者の類似点に着目してのことだったのである。

第四章　仏法と王法

1　〈選択〉の発見

中世仏教の代表とされる「鎌倉新仏教」の意義については、これまでも多くの学者によってしばしば論じられてきた。その中で最も代表的な説は、「新仏教」によってはじめて民衆が救済対象の主客に据えられたというものであった。

しかし、すでに述べてきた通りそうした説は再検討の余地がある。民衆を対象とする仏教なら、すでに平安時代の後半から旧仏教によって主張されていた。法然らが直面した課題は「民衆仏教」の創出ではなく、信徒への蔑視を孕んだ旧仏教的な「民衆仏教」の克服だったのである。

旧仏教が装っていた民衆性のもつ問題点は、諸仏諸行による救済を肯定することによって、支配者－被支配者、僧－俗といった現世的なタテの社会関係を純然たる宗教的次元の救済論の中にまで持ち込んだ点にあった。法然や親鸞はそうした旧仏教の理念の背後に潜む欺瞞を鋭く見抜き、念仏一行以外のすべての教行を否定することによって救済行の一元化を達成した。その結果、その宗教においてはあらゆる人が身分や地位や権勢に関わりなく、仏や法といった普遍的価値の下に平等に位置づけられることになったのである。

繰り返していうが、法然や親鸞の宗教が彼ら以前の仏教界に対してもっていた最も顕著な特色は、念仏による万人の往生を説いて民衆に救済の門戸を開いたことにあるのではない。念仏を末法に唯一残された救いの道とする一方、それ以外の救済のありかたをはっきりと否定していった点にこそ、彼らの宗教の独自性が存した。「念仏以外の教えでは救われない。他の修行は無意味なのだ」――彼らが構築したのはこのような、ある意味ではきわめて偏狭で独善的な論理だったのである。

しかし、それは単に自分の宗教だけを正当化しようとする意図に出たものではなかった。こうした論理の形成によって、彼らは形骸化しきった既成仏教とそれに拘泥する人々を根底から批判し克服する視点をもつことが可能となった。それは他方では、旧仏教の信仰体系が孕んでいた欺瞞を克服し、それまでプロの僧侶や金にものをいわせる権力者の下に位置づけられていた、無知であっても純粋な信仰をもつ民衆にはじめて正面から光をあて、信仰の主役として浮上させる結果となった。彼らにおいては僧俗の区別はあっても、もはや両者間の差別はなかった。その教説をいかに解釈してもそこから僧侶を特別視する論理の生まれる余地はない。末法にあるすべての人々は五濁悪世に生をうけた凡夫・悪人として、仏の眼からみればまったく同等の存在だったのである。法然や親鸞にみられるような、阿弥陀仏と念仏といった一つの仏・一つの行だけに価値を認め他を否定する論理を、以後私たちは〈選択《せんちゃく》の論理〉と呼ぶことにしたいと思う。

法然および親鸞における〈選択の論理〉の確立は、彼らの主観的な意図を越えてその宗教に独自の色彩と歴史的意義を与えてゆくことになった。

法然は諸仏諸行による救済を否定する一方、この現実世界＝穢土に縁ある唯一の仏である阿弥陀仏のもとではすべての衆生は平等であり、どれほどの「悪人」でも弥陀が本願として選びとった念仏を称えることにより、そのままの姿で救済にあずかることが可能であると説いた。このような主張は、従来諸仏の間に分散していた宗教的権威を弥陀一仏に集中させることになり、これまでのいかなる宗派にも増して弥陀という一つの仏の権威を高める結果を招いた。そのために法然の宗教は、インド仏教以来いまだかつてどの宗派の教えももつことがなかったほどの、色濃い一神教的性格を有するに至ったのである。そしてその性格は親鸞においてはさらに顕著であった。

2　一神教的理念の成立

万物の創造主としての神を立てるキリスト教と違って、仏教には元来「絶対者」という観念が欠けているといわれる。なぜなら仏とは人間が悟ってそうなるべき目標であり、生身の人間を離れては存在しえないものだったからである。釈迦も出家する以前はインドのシャカ族の王子であった。弥陀もまた成道前は法蔵比丘という修行僧であった。

ただし人間と仏の間には、宗派によってその距離のとり方にさまざまな相違があった。ある教えによれば、仏になるためには三生六十劫（最短でも三回の生まれかわり、長ければほとんど無限に長い期間）という途方もない長期の修行が必要であった。またある教えによれば、自分の胸中に仏性《ぶつしょう》（仏の種）があると直観するだけで、一瞬の間に成仏が可能であるとされていた。

大ざっぱにいえば、インドから中国・日本と東へ仏教が伝わるにつれて、仏と人間との距離はしだいにせばまる傾向にあったということができる。とくに日本においては両者は急速に接近し、平安末にはその間隔をゼロとするような主張も流行しはじめる。

人間は本来仏である。普通の人はそれに気づかないだけだ。だから成仏するためには面倒な修行は必要ない。自分が仏であると自覚しさえすればよい。――このような説が、法然在寺中の比叡山では大手を振ってまかり通っていたのである。

仏と人間という仏教における聖俗二極の概念を一元的に捉えるこのような思想は、本覚思想《ほんがくしそう》とよばれている。主として天台宗において発達したため、「天台」の語を冠して「天台本覚思想」といわれることもある。平安時代の後期から昂揚するこの本覚思想にあっては、人間だけでなく心をもたない草木や国土に至るまでいっさいの存在が、本来成仏の相を示しているとされた。日々刻々と生滅変化をとげるこの現実こそが、永遠普遍の真理＝仏の姿そのものなのである。

ここまで極端ではなくとも、平安後期の仏教界は、浄土教をも含めて森羅万象の中に数多くの仏神の存在を認める多神教的性格が濃厚であった。三世十方の各世界や国土のここかしこに、またそれぞれの人間の胸中に、数多くの仏や神が存在しているというのが当時の人々の懐くイメージであった。そうした多神教的な精神的風土の中では、なるべく多くの仏神にできるだけ多種多量の善根を積むことが、成仏あるいは往生の近道と信じられていたのである。

こうした信仰の形態からは、一つの仏・一つの修行だけを絶対的な救いの道として、そこにすべてを委ねるという方向は生まれるべくもなかった。そのためそこでは、いずれの仏を信仰するか、いかなる修行を選択するかという点に人間の判断の介在を許すことになり、仏の救済力を著しく相対的なものとしてしまうという結果をもたらした。

阿弥陀仏に縁が厚ければ極楽を願え。弥勒菩薩に契が深ければ兜率天への往生を願え。心が引かれる方に自分の縁があると思わなければならない。但し、自分にはこれがいいからといって、他の行を謗《そし》ってはならない。(『菩提心集』)

機根（宗教的能力）と縁とに応じて仏の自由な選択を認めるこの珍海の言葉は、平安時代の浄土信仰の特色と限界をよく示すものといえよう。

こうした考え方に対し、法然や親鸞はまったく正反対の立場をとった。彼らは伝統仏教や諸仏菩薩がすべてその救済力を失ったことを強調すると同時に、念仏による阿弥陀仏への帰依こそが唯一の救いの道であると説いた。ここにおいて、諸仏諸聖とそれに対するさまざまな信仰はその存在価値を根底から否定された。かわって阿弥陀仏ただ一仏が末法の救済主として大きくクローズ・アップされてくるのである。

もちろん、いかに弥陀だけを救済主として強調したところで、彼らの宗教とキリスト教との間には決定的な隔りが残った。どれほど絶対的存在であることを力説しても阿弥陀仏は造物主ではなかったし、法然らが他仏の救済力を否定してもその存在自体を否定するところまではいきつかなかった。

しかしながら、法然と親鸞の手によって、仏教がその成立以来最も一神教に近い相貌を示すことになったのはまぎれもない事実である。明治維新後、教団外の知識人によって親鸞思想の再発見と再評価が進められた。そうした人々の中にキリスト教関係者の姿がみられるのは、一神教的という点において、親鸞の宗教が日本仏教の中で一番キリスト教に近い側面をもっていたということと、決して無縁ではあるまい。

3　念仏と題目

一つの仏、一つの修行の〈選択〉とその結果としての一神教的信仰の確立、といった現象は、法然・親鸞ら浄土信仰に連なる人々の専売特許ではなかった。それとは全く異質な系譜に属する日蓮にもみることができるのである。

貞応元年（一二二二）、安房《あわ》の国（千葉県）の小湊に生まれた日蓮は、十二歳のときに近在の清澄寺に入った。青年時代には比叡山を中心に、鎌倉・南都・高野山などに遊学し研鑽を重ねた。

建長五年（一二五三）、長期にわたる修学の旅を終えて清澄寺に帰った日蓮は、寺の衆徒に向かって『法華経』こそが真実の経であることを説いた。だが、念仏批判をともなうその主張は、浄土教の影響の強い清澄寺では受け容れられるべくもなかった。やむなく日蓮は寺を退出して鎌倉へと向かい、そこで本格的な布教活動に乗り出すのである。

およそ日本の宗教者の中で、日蓮ほどドラマチックな生涯を送った人物も珍しい。

以後の彼の人生は、まさしく生命にもかかわる迫害と弾圧の連続であった。文応元年（一二六〇）、鎌倉松葉ヶ谷の草庵が念仏者による焼打ちにあった。翌年（弘長元年）には幕府に捕えられて伊豆に流されている。文永八年（一二七一）には再び逮捕され、竜の口であやうく斬首をまぬがれたもののそのまま佐渡へと追放された。しかし彼はこれらの迫害に屈することなく、内省を通してそれを信仰の深化へと昇華してゆくのである。

日蓮は一遍とともに鎌倉時代の仏教改革運動の最後尾に位置づけられる人物である。その誕生は法然に遅れること約九十年、親鸞の生誕からもおよそ五十年後のことであった。

こうした世代差に加え、日蓮は法然・親鸞と同じく一時期比叡山に錫を留めながらも、天台宗に対しては彼らと著しく対照的な立場をとった。法然・親鸞が天台宗と袂を分かち批判的になっていったのに対し、日蓮は比叡離山後もしばらくは「天台沙門」（天台僧）を自称し、正統天台宗の復興者としての強い使命感を懐いていた。そして、その立場から法然の専修念仏に対して激しい攻撃を加えるのである。しかしそれにもかかわらず、完成された日蓮の宗教体系には、彼が不倶戴天の敵とみていた法然や親鸞と共通する特色を見出すことができるのである。

法然が浄土三部経を尊重していたのに対し、日蓮が釈迦の真意を最もよく説き示した教典と信じたものは『法華経』であった。『法華経』は中国の天台智顗以来、天台宗において聖典とされてきた経である。この点において、日蓮は天台宗の伝統をふまえている。

しかし、日蓮の特色は『法華経』以前に説かれた諸経典を、いまだに釈迦の悟りの真相を説き切っていない有害無益の方便権経《ごんきょう》（かりの教え）として、その価値を全面的に否定した点にあった。伝統的な天台宗の教学では『法華経』を最重視しながら、他の経典についてもそれぞれの独自の価値と役割が認められ、その意義が根底から否認されることは決してなかったのである。

日蓮の解釈の独自性はこれだけに留まらない。彼は『法華経』を信ずる人々が行うべき実践としては、末法の時代では経の題目（南無妙法蓮華経）を唱えるだけでよいと断言した。

末法に入った今、余経も法華経もものの役には立たない。ただ南無妙法蓮華経が大事なのだ。このように申し上げるのも自分勝手な考えによるものではない。釈迦・多宝・十方の諸仏、地涌の菩薩のおはからいなのである。此《こ》の南無妙法蓮華経に他のものを交えることは、とんでもない誤まりである。(『上野殿御返事』)

日蓮にとっては唱題以外の一切の行は、全く意味のない行為にすぎなかった。法然が専修念仏を勧めたように、日蓮もまた唱題の専修を説いたのである。

それでは日蓮の場合、専修題目という行によって帰依すべき対象は何か。それは妙法という宇宙を貫く根源の法であり、その法の具現者としての久遠の釈迦仏(釈尊)であった。

この日本国の一切衆生にとって釈迦仏は主であり師であり親である。天神七代・地神五代・人王九十代の神や王ですら釈迦仏の所従にすぎない。ましてそれらの神々や王の眷属《けんぞく》においてはなおさらである。いま日本国の大地・山河・大海・草木等は皆釈迦仏の所有する御財《みたから》である。全くその一分も、薬師仏・阿弥陀仏といった他仏のものではない。(『妙法比丘尼御返事』)

この言葉には、日蓮において釈尊という仏がどのような存在として捉えられていたかがよく示されている。彼にとって釈尊は、弥陀・薬師・大日といった数多くの仏のうちのひとつではなかった。他のいかなる仏神とも比較を絶する唯一無二の救済主であった。釈尊はまた国王をはじめとするすべての人々の上に君臨し、国土のあらゆる事物を支配し主宰する絶対的存在であった。その支配は人間だけでなく、諸天や神々にまで及ぶのである。

以上、私たちは鎌倉新仏教の開祖とされる人物のうちから法然・親鸞および日蓮をとりあげ、その思想の特質について検討を加えた。そして、それぞれの間に弥陀と釈尊、念仏と題目という相違はありながらも、ひとつの行を選んで他を否定し（選択の論理）、特定の一仏に対する帰依を説く点において共通の立場を見出しうること、それが彼らの宗教に、従来の仏教にはなかった一神教的色彩を与えることになったことを明らかにした。

彼らがこのような思想を形成することができた原因と背景はなんだったのであろうか。またそれは思想史的にみてどのような意義をもつものだったのか。

法然・親鸞および日蓮は、唯一真実の行として弥陀や釈尊といった一仏に対する念仏や唱題の信仰を勧めた。それは特定のひとつの仏だけを、他の仏神と隔絶した救済力をもつ絶対的存在へと高めてゆく結果をもたらした。こうして彼らの宗教は、伝統仏教に比して著しく一神教的色彩を強めることになったのである。

強力な救済主としての仏の観念をもつに至った彼らが次に行った作業は、これらの仏の前では現世的な存在と価値がいかにはかなく無意味であるかを強調することであった。

　煩悩にまとわれた愚かな人々が住む安らぎのないこの無常の世界は、すべてのことはみなうそ偽りばかりで真実はひとかけらもない。が、その中でただひとつ、念仏だけが真実なのだ。（『歎異抄』）

私たちのこの世界（娑婆世界）は身も心も汚れ切った悪人だけが住み、偽善と頽廃に満ちた闇の世界である。人々に光明を与えるはずの伝統仏教も、すでにその力を失い無力なものと化している。しかし、絶望する必要はない。闇が深ければ深いほど、弥陀の本願はいっそうその輝きを増すのである——親鸞はこう主張しているのである。そしてこれは法然にも、また念仏と唱題という相違はあっても日蓮にも、全く共通する立場だった。

彼らは絶対的存在としての仏と対比しつつ、此岸的存在の無意味さを強調した。それは現世の権威と権力の頂点にある国王についても例外ではなかったのである。

親鸞はその書簡の中で次のように述べている。

念仏をとどめられたところ、世にくせごとが起こりましたので、それにつけても念仏を深く頼み、よくよく祈りに心を入れてお唱えになるほうがよろしいと思われます。

「念仏をとどめ」という言葉は、後鳥羽上皇が念仏禁止令を出して法然や親鸞を流罪にしたこと、「くせごと」とは後に上皇が承久の乱で鎌倉方に敗れて隠岐に流罪になったことを指していると考えられる。親鸞は後鳥羽上皇の失脚の原因を、彼が専修念仏に対して行った不当な弾圧に対する仏罰とみていたのである。

親鸞においては阿弥陀仏は単に来世のみの救済者ではなかった。この世にあっても正信の念仏者を守護し、迫害者に懲罰を下すような存在であった。権力の座を極めた後鳥羽上皇ですら、念仏弾圧のとがによって失脚する運命を避けることはできなかったのである。

日蓮の場合、仏の権威を至上視する立場からの権力の相対化はより徹底していた。彼にとって釈尊は、此土世界に君臨する唯一無二の絶対的存在であった。なにびとたりともその意思に背くことは許されなかった。仮に、仏の命に反して正しい仏法をたもつ人々を迫害した場合はどうか。

　過去現在の末法の法華経の行者をあなどる王臣万民のうち、はじめは何事もないようにみえてもついに滅びないものはいない。（『聖人御難事』）

たとえ国王であっても仏の罰をうけて、滅亡への道を辿らざるをえなかったのである。日蓮はまた、源平の内乱で死亡した安徳天皇や承久の乱で敗れた後鳥羽・順徳院、さらには執権北条時頼までもが地獄に堕ちたと公言してはばからなかった。

仏の意思に背く者は、たとえ支配者であってもその地位を失うというこの論理は、特定の人格的な仏を国王より上位にある国土の主権者とみなすものであった。こうした主張はひとつの仏にすべての宗教的権威を集中することのできた親鸞や日蓮にして、初めて可能なものだったのである。

もちろん彼らにあっても国王や支配権力は、それ自体が宗教的に神聖化されることは否認されても、存在そのものが否定されることはなかった。しかしだからといって現代に生きる私たちが、鎌倉時代の親鸞や日蓮に対して、「彼らは結局身分制や階層制社会を克服できなかった」などという批判を投げつけるのは全く的はずれであろう。むしろ彼らにおいて絶対的存在としての仏のもとに地上の権威は相対化され、天皇の滅亡や堕地獄さえもがはっきりと正当化されるに至ったことに注目すべきである。彼らにとっては神代以来の伝統を誇る天皇家も、強大な軍事力を擁する幕府も、しょせんはこの世限りの「滅ぶべき」存在にすぎなかったのである。

彼らはこうして仏の前における、国王をも含めた万人の平等を説いた。その一方で、彼らは仏の権威をその信仰者に転化していったことも見逃してはならない。

浄土の真実信心のひとは、この身こそあさましき不浄造悪の身であっても、心はすでに如来とひとしいので、如来と等同であるということもあると御承知おきください。（親鸞書簡）

法華経をたもつ人は男であるならばいかなる田夫であっても、三界の主である大梵天王・帝釈天王・四天王・転輪聖王、ひいては中国や日本の国王にも勝れるのである。（日蓮書簡）

こうした論理によって、彼らの信徒と教団は仏からその権威を直々に譲り与えられた聖なる存在と化した。かくして彼らは不当な抑圧を加える権力に対して、それと真っ向から対決できるだけの精神的基盤を築くことができたのである。

いまや彼らの宗教を受け容れた人々が、その宗教的信念に基づいて主体的に行動することを妨げるものは何もなかった。古来の因襲も迷信も国王の下す命令さえも、彼らの言動を制約することはできなかった。彼らの行くところ、まさしく「無碍《むげ》の一道」（何物にも妨げられない道）だったのである。

5　道元の立場

ここで問題となるのは新仏教に数えられるいまひとつの宗派、禅宗の位置づけである。

禅宗の場合、専修念仏や日蓮と決定的に異なる点は、外在して人間に対峙するようなタイプの仏の存在を認めないところにあった。彼らにとって仏とは自己の心中に内在する仏性（仏の種）の謂《いい》にほかならず、坐禅によってそれを発見し顕現すること（見性成仏）こそが修行の究極の目的であった。このような立場をとる限り、親鸞のように外在的超越神を立てて俗権に対する宗教的権威の優越を説いたり、仏の権威に照らして支配者の権力を批判したりすることは不可能といわざるをえない。事実、二度にわたって入宋し臨済禅を日本にもたらした栄西についてみれば、親鸞のように仏法を何にも増して優先させる主張は影をひそめている。そしてそれにかわって、「王法は仏法の主なり。仏法は王法の宝なり」（『僧栄西願文』）と、仏法と王法を対等のものとみなしての両者の相依共存が説かれるのである。

ただし、道元の場合はやや事情が異なる。彼には一貫して王法に対する仏法の優位の主張がみられるのである。

道元は正治二年(一二〇〇)、内大臣久我通親を父とし摂政太政大臣松殿基房の娘を母として誕生した。名門の家に生まれたものの幼くしてあいついで父母を失った道元は、建暦二年(一二一二)、十三歳にして比叡山に登り仏門に身を投じた。しかし天台の教えにあきたりなくなった彼はやがて叡山を離れ、真の仏法を求めて中国へと旅立つのである。貞応二年(一二二三)のことであった。

入宋中に道元が最も感銘をうけた僧は、天童山の如浄《にょじょう》であった。その弟子としての数年にわたる修行の末、如浄から曹洞宗の法を伝授された道元は、帰国するや正法の禅の宣揚に努めた。晩年は越前(福井県)永平寺で修行と弟子の育成に専念している。

道元の主著としてその説教をまとめた『正法眼蔵』がある。その中に次のような言葉が残されている。

仏の弟子の位は、第一が比丘、第二が比丘尼である。……この仏弟子の二つの位は、転輪聖王よりもすぐれ、帝釈天にもまさるものである。ましてや辺土にある小国の国王・大臣などとは比較にならないほど貴い。

仏の弟子である比丘（僧）、比丘尼（尼）の位は、全世界の統治者である転輪聖王や天界を支配する帝釈天をもしのぐものである。辺境の国日本の天皇・大臣などはその足もとにも及ばない――。

先の日蓮の言葉を思い起こさせるようなこの道元の主張に示される通り、彼にとって出家の僧尼のもつ権威は地上の権力者のそれを遥かに越えるものであった。そのため僧尼と国王が対面するときには、「帝王が僧尼を礼拝するとき、僧尼は答拝しない」と、権力者の一方的な崇拝が求められたのである。

また道元は、かつて中国の皇帝が道教の道士の言葉を容れて仏教を弾圧したことをとりあげ、

道士の教えにまどわされて、仏法を廃することが多い。……こんなことをする人間は、国王であるといっても国民よりもいやしい存在である。（『正法眼蔵』）

と述べている。正しい仏法を擁護しない暗愚の帝王は、国王としての資格がないとまで断言されるのである。

外的に実在して人間を支配する仏＝外在的人格神の観念を欠く道元にあって、彼のこのような強烈な仏法優位の主張を支えたものは何だったのだろうか。それは「法」の至上性に対する確たる信念であった。法を尊重しそれに従う者は何にも増して貴く、背く者は賤しい。この単純にして強力な原則の前には、世俗の権勢の有無や貧富の問題は何ら介在する余地はなかったのである。

道元は門弟への説法の中で、明全という禅僧が重病の床にあった師の懇願を振り切って入宋求法の旅に出発したエピソードをとりあげ、

しかれば今の学人も、あるいは父母のため、あるいは師匠のためといって無益のことを行い、いたずらに時間だけを空費し、諸道にすぐれた仏道をさしおいて空しく光陰を過してはならない。（『正法眼蔵随聞記』）

と述べている。

真実の仏法を求めるためには、父母・師匠の恩愛の絆さえも断ち切らなければならない。――こうした言葉の中にも、いかなる世俗的な価値にも増して仏法を至上のものとして重視する、道元のひたむきで厳しい姿勢を窺うことができよう。法然・親鸞の「仏」に対して道元の「法」という相違はあっても、地上の権威を越える超越的規範を掲げ、前者に対する後者の絶対的優位を主張する点において、両者は同じ地平に到達していたのである。

6 新仏教の旗手たち

私たちはこれまで、鎌倉時代に相次いで登場する法然・親鸞・道元・日蓮といった人物をとりあげ、彼らの宗教の特色について考えてきた。

伝統仏教に対する彼らの独自性は、単に念仏や唱題・坐禅といった特定の一行だけを選びとり、そのひたむきな実践を勧めた点にあるのではなかった。一仏に対する一行の専修を主張すると同時に、他の一切の仏神・教行の価値をはっきりと否定した点にこそ、彼らの宗教の革命的な意義があった。「念仏以外では往生できない」「題目でしか救われない」「成仏の道は坐禅だけだ」――彼らがつくりあげたのは、このようなきわめて排他的な信仰体系だったのである。

彼らはそのことによって、伝統仏教のもつ限界と欺瞞性を鋭くあばき出すとともに、身分や学識や権勢とは無関係に「信心」のみを救済の条件とする信仰体系を築きあげることに成功したのである。

当時の仏教界の常識からみれば、いや仏教二千年の歴史に照らしても、彼らの主張は破格という以外の何物でもなかった。しかしそれにもかかわらず、彼らはみずからの説くところが釈迦の教えの真意にかなったものであることを微塵も疑わなかった。しょせん思想とはそれ自体に価値があるのではなく、衆生を救いに導く手段にすぎなかったはずである。そうであるとすれば、いま忘れ去られようとしている仏の意思を再び明らかにするためには、通り一遍の解釈に満足してはなるまい。そこから仏の真意を汲み取ろうとする不断の努力がなされなければならないのだ。たとえそれが、従来の仏教教学の常識を否定する結果となっても。――これが彼らに共通する確たる信念だったのである。その信念を貫こうとする模索の中で、法然や親鸞は本願の念仏のみが末法に残された往生の道であると確信した。また道元は只管打坐《しかんたざ》（ただひたすら坐禅すること）こそがまことの仏の教えであると考え、日蓮は『法華経』の題目を唱えることが唯一の救いの方途であると説いた。しかも彼らは、そうしたひとつの修行以外に雑多な行はなんら必要ないと断言するのである。

その上で、彼らはその主張の正しさを証明するために、あえて経典に対する新しい解釈を試みていった。彼らにはみずからの強烈な信念と信仰体験がまずあり、その信念に即して経典を解釈し直すことが表面的には仏教教学の常識に反するようにみえても、実は仏の真意にかなうものであると確信していたのである。

これらの新仏教の開祖が続々と誕生する鎌倉時代は、旧仏教がすっかり堕落しきった時代のように思われている。だが第一章で述べたように、そうした見方は正しくない。旧仏教側にも、決して新仏教の祖師に劣らないだけの学識をそなえた優秀な学僧がたくさんいた。法然を批判した法相宗の貞慶や華厳宗の明恵はその代表である。また立派な著作も数多く発表されている。

しかし、私たちが今、旧仏教の学僧によって書かれた書物を読み返してみるとき、素直にいって少しも面白くないのである。教学的にみれば、むしろ法然や親鸞や道元や日蓮よりも体系的・論理的なようにみえてさえもである。

その理由は、旧仏教の人々が特権的な地位にあぐらをかき、当時の仏教界の常識の枠の中でしか物事を考えられなかった点にあるように思われる。またそのために、形骸化した仏教のあり方に根本的な疑問を懐くことができなかったからではなかろうか。彼らは教学を学ぶことそれ自体が目的視される当時の風潮を、完全に乗り越えることができなかった。つまりほとんどの旧仏教者は、仏教学者ではあっても真の意味での宗教者ではなかったのである。

それにくらべれば親鸞や日蓮などの思想は、はしばしに常軌を逸した解釈が顔をのぞかせてはいても旧仏教の学僧の書いたものとは比較にならないほど力強く読む者の胸を揺さぶる。七百年の歴史を越えて、私たちの心に訴えかけてくるのである。

なぜか。——それは彼らが当時の教学の常識より、自分の宗教的信念の方を大事にしたからである。その信念——すべての人々に平等の救済を与えることこそが仏教の原点であるという確信——を貫き通すため、それぞれの立場から伝統的な教学の方を変えてしまうという、知的冒険をおかすことさえ辞さなかったからである。

それによってはじめて、彼らは単なる学者ではなく、幾多の歳月を越えていまなお無数の人々の魂を揺さぶり続ける真の宗教者となり、思想家となることができたのである。

しかし彼らのそうした主張は既成の大教団の教学に対して、あまりにも革命的な内容をもつものであった。念仏や唱題といった一つの行以外のすべてを斥ける彼らの説は、形骸化した「難行」をもてあそぶことだけを生活の手段とし、その権威を唯一の拠り所としていた旧仏教徒にとっては、みずからに対するあからさまな挑戦とみえた。やがて旧仏教徒は宗派の枠を越えて手を結び、国家権力までを動員して総力をあげて反撃を開始した。受難と殉教の季節はすぐ目前にまで近づきつつあったのである。

第五章　理想と現実のはざまで

1　さまよえる妖怪

山門申状

ちかごろ二つの妖怪が現われて人々の耳目を驚かしている。達磨の禅の邪法と念仏の哀音である。

彼らは伝統仏教の法門に属すことなく、王臣の祈禱を行うこともない。無為にして世をあなどり、ろくな悟りもなくして人を軽んじている。軽薄浅識の人物をあがめて見性成仏の人とするかと思うと、年功を積んだ伝統仏教の僧をあざわらってむしけらのようにいう。

論議を交えようとしないので、その才の長短をあらわすことなく、道理の理非を決しようともしないので、智の賢愚を測ることもできない。ただ壁に向って坐禅して勝手に道を得たなどといい、僧衣を着しただけで内心には慢心があふれている。彼らは経典をなげうって、それを学ぼうともしない。

仏法の皮をかぶった外道《げどう》がわが日本に出現したというべきである。彼らは災いをもたらす妖怪以外の何物でもない。くれぐれも用心すべきであろう。

「一個の妖怪がヨーロッパをうろついている——共産主義の妖怪が」。この有名な言葉に始まる、マルクスとエンゲルスの『共産党宣言』を思い起こさせる右の文章は、伝統仏教界の雄比叡山延暦寺が、朝廷に対して新興の専修念仏と禅宗の禁止を求めた訴状の一部である。鎌倉時代の旧仏教者の眼には急激な成長をとげつつあった法然らの宗教は、世を混乱に陥れる妖怪にも等しいものとみえたのである。

伝統仏教側からの新仏教排撃は十三世紀に入ってまもなく、延暦寺衆徒の念仏停止の運動にはじまった。元久元年（一二〇四）十月、山門延暦寺の衆徒は法然の弟子の中に放逸な振舞いに走る者が多いことを問題としてとりあげ、専修念仏の禁止を当時の天台座主である真性に訴えている。

これに対し法然の対応はすばやかった。彼は同年十一月七日、二通のわび状を認《したた》めて批判に応えるとともに門徒に自重を促した。そのうち『七カ条制誡』と呼ばれるものでは、「真言止観・諸仏菩薩誹謗の禁止」(第一条)をはじめ、当時非難されつつあった念仏者の言動についてそれをやめるよう門下に命じている。そして末尾にはその遵守を誓って法然自身を筆頭に、計百九十名の門弟が署名を行っているのである。親鸞(この時代は綽空《しやくくう》を名のった)も八十七人目に名を連ねている。

比叡山に起こった反念仏の火の手は、法然による弁明書の提出と門弟への誡告によって一旦は下火になるかとみえた。しかし、翌元久二年九月、今度は興福寺の衆徒が「八宗同心の訴訟」(旧仏教全体=八宗が一致しての訴訟)の名のもとに、新たに念仏停止の要求書を朝廷に提出するに及んで再燃するに至る。

この当時法然はすでにその居を東山の大谷に移していた。にもかかわらず、社会的には法然はいまだに天台宗の僧侶のひとりとみなされていた。そのため比叡山で彼の言動が問題にされたとき、初めは批判する側も天台宗内部の問題と考え、うちうちで穏便に処理しようとしていたふしが窺える。

ところがいまや状況は一変した。興福寺が朝廷に訴え出たことによって、専修念仏の問題は天台宗という枠を越えて仏教界全体、さらには権力までもまきこんだセンセーショナルな事件と化したのである。

この興福寺の訴状は『興福寺奏状』として有名である。起草者は南都随一の学僧、解脱房貞慶であった。

『興福寺奏状』は法然が山門にわび状を提出した後も、その門下の間ではあいかわらず諸宗批判が続いているとし、九カ条にわたって念仏の過失を列挙している。その九つの失とは次のようなものであった。

一、新宗を立つる失　二、新像を図する失
三、釈尊を軽んずる失　四、万善を妨ぐる失
五、霊神に背く失　六、浄土に暗き失
七、念仏を誤る失　八、釈衆を損ずる失
九、国土を乱る失

当時の伝統仏教界が専修念仏をどのようにみていたかを具体的に知るために、主なものについて要点を述べよう。

第一の「新宗を立つる失」とは、伝統ある八つの宗（天台・真言・法相宗など）の他

に、法然が勝手に念仏宗という新宗を立てた点を批判するものである。独立した宗として正式の認可をえるためには勅許（天皇の許可）が不可欠であるとする立場から、念仏宗樹立にあたっての勅許不在を指摘しているのは興味深い。

第四の「万善を妨ぐる失」では、釈迦の説いた諸経はすべて尊重さるべき正法であるという立場に立って、念仏だけが正しいと主張する法然の排他性を批判している。また、第五の「霊神に背く失」では、念仏者が神々への礼拝を拒否し、ないがしろにしている点を指弾している。

第六の「浄土に暗き失」、第七の「念仏を誤る失」では、本来愚者救済の方便にすぎない念仏を法然が唯一の往生の道とした点を、次のように批判する。

帝王が臣下に官位を授けるにあたっては、それぞれの者の能力や家柄を考慮するのは当然である。おろかしい者はどんなに頑張っても能力を越えた官職には就けないし、賤しい家柄の者は奉公を重ねても公卿の位に登ることはできない。それと同様に、阿弥陀仏は極楽に来る人々に対し、その人が生前にどのような善行を積んだかを斟酌し、そのレベルによって九つのランクに振り分けるのである。法然がいうように、仏の他力にすがればどんな人も最上の浄土に往生できるなどと説くのは、自分の身の程を考えないばかげた主張である。

財産も学問もなく家柄にも恵まれない民衆は、この世でもあの世でも底辺の地位でがまんしなければならないのだ――この貞慶の言葉に、私たちは特権的な地位にあるものの驕りを感じとることはできないであろうか。法然と貞慶の間によこたわる深い溝がここにあったのである。

最後の第九の「国土を乱る失」では、念仏の進出によって鎮護国家を担当する伝統仏教が衰亡の危機に瀕していることを訴え、王法の安穏を守るためにも念仏の禁止が必要であると主張している。

白河上皇をして、賀茂川の水と双六《すごろく》の賽《さい》の目とともに意のままにならぬもの（三不如意）として歎かせた山法師＝僧兵が力を振い、「山階道理《やましなどうり》」（興福寺の強引な主張）が幅を利かせていた時代である。声をひとつにした各宗が、「八宗同心の訴訟」として念仏停止を上奏するに至っては、朝廷ももはやそれを無視するわけにはいかなかった。まもなく朝廷と興福寺側は専修念仏者の処分について折衝を開始した。興福寺側はとくに過激な門徒はもちろん、法然自身についてもその責任を問うこと、「念仏者」「専修」といった言葉の使用禁止、などの諸点を要求した。だが朝廷側に比較的念仏に好意的な人物が多かったこともあり、具体的な処分が下されないうちに時間だけが経過してゆくことになるのである。

2 安楽斬らる

建永二年（一二〇七）に入って、念仏に対する朝廷側の態度をいっきに硬化させる事件が起こった。

事の発端は前年十二月にさかのぼる。この冬、当時朝廷の権力を一手に掌握していた後鳥羽上皇は、京を留守にして熊野参詣の旅に出かけた。この折に、法然門下の安《あん》楽《らく》・住蓮《じゅうれん》が東山の鹿ヶ谷草庵で催した別時念仏の法会に院の女官たちが出かけ、そのまま外泊したことが明るみに出たのである。それらの女官の中には、上皇の寵愛をうけていた白拍子亀菊、伊賀の局も含まれていた。

事実を知るや憤激した上皇は建永二年二月、安楽と住蓮を死刑に処するよう命じた。さらに法然を土佐へ流罪とし、他の有力な門弟をも諸国へ配流するのである。親鸞もまたこの事件によって師法然と引き離され、越後へと流罪になった。

安楽の処刑は賀茂川の河原で行われた。彼は念仏を称えながら、悠然と断頭の坐に就いたと伝えられる。

別時念仏の折に、彼らと女官との間に上皇が疑ったような関係があったかどうかは知るよしもない。しかし、後年の伝記作家はその関係を事実と認め、弾圧がなされた責任を二人に押しつける傾向にあった。

過激で反倫理的な二人が処刑されるのは当然だ。彼らのおかげで法然上人までが巻き添えをくってしまった。——作家たちは事件をこうした筋書きに仕立てあげようとするのである。

だが、弾圧に直面した門弟たちが皆このような捉え方をしたわけではない。親鸞の『教行信証』後序には、この事件を評した次のような有名な一節がある。

天皇とその臣下の者たちは、法にそむき道理に反して念仏者に怒りをなし恨みを懐いた。そのため、浄土の正しい教えを広めていた法然とその弟子の幾人かを、罪の有無をろくに考えもせずに捕えた。そして、弟子たちを不当にも処刑してしまったのである。

親鸞にとってはこの弾圧は無実の罪によるもの以外の何物でもなかった。安楽も住蓮もぬれぎぬを着せられて命を奪われた。天皇以下の支配者たちは道理を無視し、感情に任せて正信の念仏者を刑に処した。——親鸞は権力者の恣意を言葉鋭く糾弾するのである。

しかしそれにしても、阿弥陀仏が与えてくれた真実の法の灯を掲げそれを民衆に広めようとしている正信の念仏者が、なぜ迫害をうけてこれほど惨めな目にあわなければならないのであろうか。むしろ弥陀に祝福されて当然ではないのか。

ほとんどの門弟は迫害の嵐のもとで、動揺する心を抑えることができなかったに違いない。事実、数多くの弟子たちが弾圧を恐れて専修念仏を棄て、法然のもとを去った。こうした状況にあって、法然を生涯の師と仰ぐ親鸞がとるべき道はひとつしかなかった。

専修念仏の教えが末法の人々の従うべきただひとつの、しかも最高の法であること。それが真実の仏法であるが故に、必然的に迫害され弾圧される運命にあること。まことの念仏者であろうとするならばその試練に耐え、信仰を守り続けてゆかなければならないこと。これらのことを経典をひもとくことによって証明することこそが、彼に課せられた使命であった。親鸞の大著『教行信証』は、そのような意図に沿って著わされたものだったのである。

法然の流罪は程なく許されるに至る。配流から一年もたたない承元元年（一二〇七）十一月には摂津（兵庫県）の勝尾寺への帰住が認められ、建暦元年（一二一一）十一月十七日の宣旨によって、京都への帰還も許可された。しかし帰洛の喜びもつかの間、翌年一月二十五日に法然は大谷の住坊で死を迎えるのである。八十年の生涯であった。

法然の死後も、その教団に対する伝統仏教からの批判と迫害はいっこうに衰える様子をみせなかった。弾圧の嵐は以後半世紀にもわたって教団の上に荒れ狂い続けるのである。

法然没後の念仏排撃運動の中でも最大の事件が、嘉禄の法難といわれるものである。嘉禄三年（一二二七）、延暦寺僧と専修念仏者との間の論争に端を発した念仏批判の火の手はまたたくまに燃え広がり、山門の悪僧らは法然の墓堂を襲ってそれを破壊するという行為に出た。法然門徒はかろうじて遺骨を救い出すことができたものの、他の場所へと移すことを余儀なくされた。また、隆寛・空阿弥陀仏・幸西といった主だった門弟が流罪に処せられ、『選択集』の版木は比叡山に持ち去られて焼き捨てられてしまうのである。

3 苦悩する門弟

「念仏以外に救いの道はない」――このような専修念仏者の主張は、当然のことながら伝統教団の側にとっては絶対に容認できないものであった。旧仏教にとってはそうした説を認めることは、自己の立場を自ら否定する行為にほかならなかったのである。

そのため専修念仏の弘通に比例して、旧仏教界からの反発はいっそう激しさを増した。私たちは鎌倉時代の旧仏教というと、すでに凋落と頽廃の極みにあった古代仏教の残骸というイメージをもちがちである。しかし、これまでもたびたび述べてきたように、そうしたイメージは正しくない。実際には古代以来の伝統を汲む延暦寺・興福寺・東大寺などの大寺院が、その社会的勢力においても宗教的権威においても全盛期を迎えるのは、鎌倉時代に入ってからのことであった。それらの伝統教団にくらべればいかに民衆への布教が進んだといっても、法然の教団などはしょせん泡沫以外の何物でもなかったのである。

しかも、当時の大寺院は単なる宗教教団ではなかった。比叡山配下の悪僧や神人《じにん》が法然の墓所を襲ったように、彼らは幕府や朝廷さえもが一目置かざるをえないほどの強力な武力を寺内にかかえていた。さらにまた、諸大寺院では天皇家や摂関家出身者が寺内の要職を占めるようになっており、それらの人脈を通して専修念仏弾圧に国家権力を動員することも容易になしえた。こうした状況においては、専修念仏の教団が社会的に安定した地位を確保するためには、伝統教団によってその存在を認知してもらうことが不可欠の前提だったのである。

しかし、そこにひとつの問題があった。「念仏以外に救いの道はない」――この基本テーゼが伝統教団との和解を妨げる決定的な障害として立ちふさがったのである。迫害を恐れずあくまで師の立てた原則を貫くべきか、あるいは教団を守るために思い切った妥協に踏み切るべきか、門弟たちは否応なしにいずれかの立場の選択をせまられることになったのである。

この二つの選択のうち、圧倒的に多くの門弟が選んだのは後者の道であった。彼らはどのような方法をとることによって、その目的を達成しようとしたのであろうか。

法然没後、彼の教団は多数の小集団に分裂していった。それらの中でもやがて最有力の教団へと成長をとげるのが、法然の直弟子聖光房弁長《べんちょう》を派祖とする鎮西派と呼ばれる教団である。鎮西派はその呼称の示す通り、はじめは九州地方を地盤としていた。だが弁長の門弟然阿良忠《りょうちゅう》は教線を鎌倉に進め、さらに鎌倉後期には京都への進出にも成功する。鎌倉から京都に移った良忠の弟子たちは法然ゆかりの地東山大谷をみずからの手中に収め、そこに知恩院を建てて法然の正統な後継者をもって任ずるのである。

さて、その弁長は自分の著作『浄土宗要集』の中で次のように述べている。

釈迦のお説きになった八万四千といわれる膨大な法門の中で、聖道門もその一門である。また浄土門もその一門である。だから一方の立場から他方を批判するようなことがあってはならない。

この世にありながら悟りをめざす天台・真言などの聖道門も、来世浄土への往生を願う浄土門もどちらも釈迦の説いた教えであり、方法こそ違っても目標とするところは同じである。ゆえに、一方に執着して他方を誇ったりすることはまちがっている。――この弁長の主張が、末法では聖道門はその効力を失うことを強調した法然のそれと、いかに隔ったものであるかは明らかであろう。法然において否定的に捉えられていた聖道門は、ここではその効能がはっきりと肯定されているのである。弁長はこうした自説をふまえ、浄土門とは聖道門を実践できない人を対象とした「落穂拾い」のような教えであると規定している。

私は先に、専修念仏と伝統教団との共存を妨げる最大の障害が、法然の〈選択〉主義にあったことを指摘した。

伝統仏教者は法然の念仏を激しく非難した。しかし、彼らは決して専修念仏そのものの根絶をもくろんでいたわけではない。彼らが念仏者に求めたのは、まず伝統仏教と諸仏諸教に対する批判を即座に停止することであった。そしてその上で、平安期の念仏聖のように、念仏が伝統仏教に堪えられない愚者のみを対象とする低級な教えという立場を甘受しつつ、既存の仏教界の秩序の中でその統制に服しつつ活動するよう強要するのである。

かの弁長の説がこのような旧仏教側の批判を念頭におきながら、法然の教えを修正してつくりあげられたものであることはあまりにも明白である。弁長は末法においても念仏以外の教えで救われることを認めた。また、称名念仏を「愚者救済の方便」とする旧仏教側の主張を受け容れた。そのことによって伝統仏教と念仏の救済対象をはっきりと区分し、両者の競合を回避して共存をめざそうとしたのである。

しかしその試みは、法然が弥陀の選択した唯一至上の法として宣揚していた念仏を、既成の仏法の救いからはじき出された末法の凡夫救済の方便の地位にまで、転落させることにほかならなかったのである。

4 〈選択〉との決別

伝統仏教との和解を念頭においた思想の変容は、弁長だけに限られる特殊な事例ではなかった。ごく一部の例外を除いて、法然門下の大部分は師の〈選択〉主義を破棄する方向へと向かったのである。

・もちろん、そうした形での体制順応をいさぎよしとせずに、あくまで〈選択〉の灯を掲げ唯一至上の法として念仏を宣揚しようとする人々も、中にはあった。親鸞はその代表的な人物である。ところが、親鸞の教団においてすら彼の没後、教団の大勢は師の意図するところとは反対の方向へと走りはじめるのである。

後に屈指の大教団へと発展する本願寺派において、親鸞教学の大胆な改革に着手したのは、親鸞の孫、覚恵を父とする覚如とその子存覚であった。

親鸞の場合、末法という時代には伝統的な釈迦の教えはすべて無効となるというのが、彼の基本的な立場であった。ところが、覚如や存覚はそれをひるがえして伝統仏教・聖道門による解脱をはっきりと認めた。その上で、念仏の役割について、

聖道門の修行に堪えられない人々のために、今易行《いぎょう》の一道を設けて他力の往生を示すのだ。（存覚『決智抄』）

と述べて、「落ちこぼれ」救済のためのレベルの低い教えと規定した。彼らにとって念仏はもはや唯一にして絶対確実な往生の道ではなく、数ある救いのうちのひとつの選択肢にすぎなかったのである。

〈選択〉主義を捨てて伝統仏教との融和をめざすという方向は、日蓮や道元の教団で

も全く同様であった。「念仏無間・禅天魔・真言亡国・律国賊」という有名な「四箇の格言」が端的に示すように、日蓮にとっては『法華経』以外のすべての教えは有害無益な「邪法」「悪法」であった。当時頻発しつつあったさまざまな天変地異も、日蓮によれば誤った教えが世間に流布している結果にほかならなかった。安国――平和な社会――が実現するためには、それらの「邪法」を一掃するしか道はない。日蓮にとっては法華の正法と他の教行が共存するなどということは、絶対にあってはならないことだったのである。

しかし、日蓮が死んでわずか六年後には、有力檀越波木井実長の三島明神参詣をめぐって、六老僧とよばれた高弟のうちの日興《にっこう》と日向《にこう》との間に決定的な対立が起こっている。日蓮の厳格な立場を受け継ぎ、他宗や神祇《じんぎ》に対する安易な妥協を拒否する日興の立場は、日蓮門流の中でもしだいに孤立してゆかざるをえなかったのである。

徹底した出家主義をとり純粋禅を貫き通そうとした道元の教団では、その死後永平寺の相続権をめぐって徹通《てつつう》とその法弟義演《ぎえん》との間に論争が起こった。この対立は思い切った改革を断行して教団を発展させようとする徹通派と、あくまで道元流の厳格な作法を守ろうとする義演派との、宗風をめぐる争いでもあった。やがて徹通派は義演とたもとを分かち、永平寺を去って加賀の大乗寺へと移った。道元の教団はここに、ついに分裂という事態を迎えることになったのである。

曹洞宗の大衆化に大きな足跡を残し、中興の祖と仰がれる瑩山紹瑾《じょうきん》はこの徹通の弟子であった。永仁三年（一二九五）徹通の法を嗣いだ瑩山は、道元流の出家主義と純粋禅の宗風を改め、伝統仏教との大胆な兼修や習合を推し進めた。瑩山派はさらに加持祈禱の儀式を取り入れ、葬式など民衆に関わりの深い仏事法要の整備にも力を入れた。そうした努力のかいあって曹洞宗は地方への布教にめざましい成果をおさめ、俗に「臨済将軍　曹洞土民」といわれるほどの支持層を、在地の民衆の間に獲得することに成功するのである。

5　伝統教学への回帰

祖師没後に試みられた既成教団との共存の努力は、その門流の思想の中に伝統仏教の理念が浸透していく原因となった。彼らの教学中には実際に伝統仏教、とくに本覚思想の影響をいたるところに見出すことができる。

たとえば、京都の上層貴族の帰依をうけた証空《しょうくう》の場合を考えてみよう。彼は、すべての衆生の往生はすでに確定しており、浄土往生とはそれを悟ることにほかならないと説いた。そこに、仏と人間とを一元的に捉える本覚思想の影をみることが可能である。

さらに、証空の孫弟子にあたる一遍《いっぺん》（のち、時宗の開祖とされる）になると、真心の念仏をするとき仏と自己との区別がなくなり、目前の世界がみな浄土と化して、よろずの生きとし生けるものから山川草木・吹く風浪の音にいたるまで、すべて念仏と一体化するとされる。ここにおいて、同じ浄土信仰の系譜に属しながらも、一遍の思想は法然のそれとはまったく対照的なものに変化してしまっている。法然以降その門流においては、法然の宗教の超俗性を支えていた仏の外在的・超越的性格と、浄土の彼岸的・来世的性格は徐々に希薄化し、仏と人間はしだいに一元的に把握される傾向にあったのである。

こうした方向への仏の観念の変容は、日蓮宗にもみられる。

高弟が日蓮晩年の講義を筆録したとされるものに、『御講聞書《おこうききがき》』（日向著）と『御義口伝《おんぎくでん》』（日興著）がある。日蓮がこれらの書のもとになる講義をおこなったとされる最晩年は、真蹟遺文（日蓮自筆が残っている著作）によれば、仏（釈尊）の外在的・超越的性格が一段と昂揚する時期にあたっていた。ところが両書をひもといてみると、人間と仏、此土と浄土の一体が強調され、仏の外在的性格と浄土の他界的性格は完全に抹殺されてしまっている。

また日蓮没後、門弟たちは本覚思想の影響下に日蓮に仮託した多数の偽書を制作するとともに、彼ら自身の名においても天台本覚思想を正面に押し出した書を著わしていくのである。

絶対的存在としての仏の観念が昂揚する晩年においても、日蓮は一方では人間を離れて仏はないとする、凡聖不二《ぼんしょうふに》の理念を維持し続けていた。その結果日蓮の晩年の思想には、天台思想の系譜を汲む内在的な仏の観念と、国土を主宰する絶対的存在としての釈尊という、一見異質な理念が混在するにいたった。

そのような特色をもつ日蓮の思想に対し、それを受けついだ門弟たちは、そのうちから後者の要素を除去し、天台本覚論的な立場でもって師の思想を再解釈しようとした。その結果、日蓮門流の教学は後期日蓮のそれに較べるとき、外見的にははるかに整然としたものという印象を与えるものとなった。しかし、そのことによってより高度の思想的整合性は獲得できたものの、日蓮の思想の矛盾それ自体の中にひそんでいた理想と現実との鋭い緊張関係と、現実対決の姿勢は失われてしまうことになったのである。

こうして法然や日蓮の教団においては、仏を人間と隔絶した救済主と捉え、此土に対して浄土の彼岸性を強調する立場は、本覚論的世界観の巨大なうねりに飲み込まれてしだいに衰退した。そしてそれにかわって教学の主流は、天台的な凡聖不二・娑婆《しゃば》即浄土論《そくじょうど》へと急激に傾斜していくのである。

6　旧仏教との和解

ひとつの行だけの専修と他教の排除を説いた祖師の〈選択〉主義の大幅な改変によって、法然・親鸞・日蓮・道元らの教団の前に、ようやく伝統仏教との共存と権力からの公認の道が開けた。こうした思想上の決定的な旋回を経て、彼らの宗教は徐々に公武の権力者の間へと浸透してゆくのである。

法然の門流では証空の流派がいちはやく京都の上層貴族と結びついた。証空は鎌倉時代の初めごろに公家のトップの地位にあった久我通親（道元の父）の猶子（養子）と伝えられる。そのせいもあろうか、西山義の名で呼ばれる彼の教学は天台宗の影響を強く受け、貴族的色彩の強いものであった。当時天台僧の間では、師の法然は諸行の頸を切り、証空は諸行を生捕りにするとの風評があったという。彼の交友は九条道家・西園寺公経・徳大寺実基・宜秋門院・藤原定家など、錚々たる上級貴族に及んでいる。また、天台座主を務めた慈円に目をかけられ、建永の法難の折には彼に預けられて流罪を免れている。

京都の貴族層に念仏を浸透させた功労者が証空であったとすれば、もうひとつの中心都市鎌倉に念仏を弘めたのは弁長の弟子良忠であった。

関東に下った良忠は、まず在地の有力武将千葉氏の帰依を得て下総《しもうさ》（千葉県）に教線を拡大した。次いで彼はそこを足掛りとして鎌倉に進出し、幕府要人の帰信をうけて関東鎮西派の基礎を固めるのである。

文永八年（一二七一）七月、すでに鎌倉浄土宗の長老格となっていた良忠は極楽寺にあった律宗の忍性らとともに、治安を乱す異端分子として日蓮を幕府に告発している。その訴状の中で日蓮の罪状としてまっ先にとりあげているのは、『法華経』だけを正統とし他の経典を否定する日蓮の「是《ぜ》一《いち》非《ひ》諸《しょ》」（ひとつの行だけを認め諸行を斥ける）の排他性であった。

「良忠の師法然こそ是一非諸の立場をとっていたではないか」という日蓮の反論を待つまでもなく、他宗の僧と共同戦線を張って日蓮の〈選択〉主義を攻撃する彼らの行動は、法然とは対照的なものであった。幕府の膝下鎌倉で、正統仏教としての社会的地位を得るために彼らが支払わなければならなかった代償は、決して小さなものではなかったのである。この訴訟が引き金となって、日蓮は竜の口で頸の座につかされ、同年九月、佐渡への流罪に処せられた。

その日蓮宗においても、鎌倉時代の末から権力者への働きかけとその公認を得ようとする動きが活発化する。その尖兵となったのが日蓮の孫弟子にあたる日像《にちぞう》であった。永仁二年(一二九四)以来京都に上って布教活動に従事していた日像は、伝統仏教側からの反発を受けて三たび洛外への追放処分を受けている。しかし、建武元年(一三三四)四月十四日に至って後醍醐天皇の綸旨を与えられ、その寺である妙顕寺は勅願寺に任ぜられた。日蓮以来権力者や伝統仏教界から常に白眼視され、数えきれないほどの迫害にあってきた日蓮宗は、ついに国家権力の認可を得ることに成功するのである。

しかしながら、この時天皇によって勅願寺に任ぜられた寺は妙顕寺に留まらない。

この任命は日蓮宗だけを唯一の正統と認めてのものではなかった。客観的にみれば、天皇を守る護国の寺々の末席に、新たに妙顕寺をつけ加えたという以上の意味を見出すことはできない。他宗との共存や同席を拒否した日蓮の〈選択〉主義は、権力の公認と引換えにここでもたな上げにされてしまったのである。

こうして鎌倉時代の後半から、どの宗派でも例外なく、祖師の厳格で妥協を認めない宗風を事実上放棄して、思想面でも実際の行動においても、旧仏教や権力との秩序ある共存が模索された。その結果、これらの宗派は公武の権力者の間にその支持基盤を広げ、また在地の民衆の中にも教線はめざましい勢いで広がっていった。

しかしその代償として、それらの宗派においては祖師にみられた理想主義や現実批判の精神が、しだいに色あせていったことも否定はできない。

後に妙本寺の月明が、将軍足利義持から日蓮宗の奥義を問われて「鎮護国家の法門」と答え、その興をかったと伝えられている。また、禅宗の方でも「皇風永扇」や「護国」がスローガンとして正面に掲げられるようになった。さらに民衆に対しても、彼らの現世利益の要求に即自的に答えるための祈禱や修法が表面に押し出されてくるのである。

かつて祖師たちは仏法の真理をすべての地上の権威の上に高く掲げ、その立場から現実のありさまや為政者の姿勢を鋭く批判した。理想と現実を峻別し、現実を一歩でも理想に近づけようと呻吟した祖師の立場は、現実を即自的に肯定しそれに迎合しようとする大きなうねりの中に、しだいにその姿を埋没させていかざるをえなかったのである。

第六章　襤褸の旗

1　異端者の系譜

私たちはこれまで、法然・親鸞・道元・日蓮らにみられた厳格な〈選択〉主義が、教団の社会的公認をめざす門弟たちによって例外なく変容せしめられてゆくさまを辿った。

「なんだ、祖師だけは立派だったが弟子が堕落させたという、おきまりの新仏教論か」――なかにはこういって落胆される方もいるかもしれない。だが、私がさらに考えたいのはここから先の問題である。

祖師の創り上げた革命的な論理を、あくまでも貫こうとした人々は本当にいなかったのだろうか。

この疑問を突きつめようとするとき見逃すことのできないものは、法然や親鸞の門徒にみられる神祇《じんぎ》不拝《ふはい》や諸仏誹謗《しょぶつひぼう》と呼ばれた現象である。

伝統仏教界からの反発が強まりつつあった折に、法然が弟子を誡めるために著わした『七カ条制誡』の第一条では、念仏者が真言・止観を批判したり他の仏・菩薩を誹謗することを固く禁止している。すでにこの時期、法然の門人の中には既成の仏神や教理を公然と誹謗する人々がいたのである。

旧仏教者が専修念仏を批判するときにまずまっ先に問題にしたのが、念仏者のこうした言動であった。

元久二年（一二〇五）の『興福寺奏状』では、念仏者が阿弥陀仏一仏の名号に執着して、「法華経を読むのは地獄の業因」とか「神祇をおがめば魔界に堕ちる」などと公言している点をとりあげ、非難をあびせている。

弥陀を信じて念仏さえ称えれば、必ず極楽へ行ける。そのほかの仏をおがんだり神に祈ったりする必要はさらさらない。そんなことをすれば逆に地獄に堕ちる。——念仏者の中にはこのように主張するグループがあったのである。

なおここで注目したいのは、他仏他教批判が論理的なものに留まらず、しばしば仏神破壊の直接行動をともなっていたことである。

貞応三年（一二二四）、専修念仏の禁止を朝廷に奏上した山門の解状《げじよう》は、既存の仏神に対する念仏者の言動を厳しく批判している。解状によれば、諸仏諸経を謗っても浄土の障りとはならないという念仏者の言葉を信じた人々が、釈迦や薬師などの仏をないがしろにし、あまつさえ『法華経』『般若経』等の経典を火に投げこんでいるという。

また鎌倉時代の説話集『沙石集』には、諸仏諸経はもはや無用の長物だということで、念仏者の間では『法華経』を河に流したり、地蔵の頭をすりこぎ代りにすりへるまで使ったりすることがはやった、という話が載せられている。

法然自身は『七カ条制誡』にみられるように、門弟が旧仏教に対してこうした言動をとることを許さなかった。理論的には法然の〈選択の論理〉をとぎすまし、弥陀一仏主義を強調した親鸞もまた、門弟が仏神誹謗の直接行動をとることを終始誡め続けた。法然や親鸞にとって〈選択〉とは、あくまでも専修念仏に帰依した人が自分の内面の信心を純化してゆくための論理であった。外部向けの折伏《しやくぶく》や批判の刃では決してなかったのである。

そうしたこともあって、従来の研究では専修念仏者の諸仏誹謗・神祇不拝の言動に対する評価は、概して冷淡なものがあった。

そのような過激な行動に走った門徒はごく一部であり、学問を積んだ高弟ではなく無名の在家の庶民から出ている。しかも、師の法然や親鸞さえもがそれをきつく禁止していた。にもかかわらず在家門徒がそうした行動をとったのは、ひとえに彼らが師の説く高邁な哲理を理解できなかったからにほかならない。――要するに無知蒙昧な農民門徒が、師の教えを曲解したところに原因があるというのである。

しかし、私はこうした評価があまりにも一方的な見方であるように思えてならない。もし彼らの言動が誤解に基づくものであったとすれば、なぜこのような形での誤解が各地で同時期に多発したのであろうか。

一部門徒による諸仏誹謗が盛行するこの時期、教団教学の主流は〈選択〉主義の放棄へと向かっていた。そうした状況の中で仏神誹謗の言動は、ある意味では祖師の〈選択〉主義をストレートに受け継いでいるという側面をもっていたのではなかろうか。

私たちはこうした問題意識を念頭におきながら、これまで学者がかえりみることのなかった彼らの主張と行動にしばらく注目してみることにしたい。

2 仏土と神土

康和四年（一一〇二）七月二十一日、東大寺の政所《まんどころ》（寺内の庶務・運営を司る部局）はその末寺領の荘園、木本荘の管理人と住人に対して一通の命令書を下した。そのおよその内容は次のようなものであった。

件《くだん》の荘園は舒明天皇が施入して以来数百年の歴史を誇る由緒ある寺領である。そこからの年貢は仏に供える常燈など、仏を荘厳するために用いられてきた。ところが近年、三河守有政とかいう人物が木本荘を寺僧から譲り受けたと称して、寺に納めるべき年貢を自分の懐《ふところ》に入れている。この荘は天皇の勅によって施入された「仏地」であり、国家公認の寺領である。仏の手から奪って「人領」にするのは、前代未聞のはなはだけしからぬことである。荘の住民たちよ、君たちはいままで通り寺と仏に忠誠を尽し、有政などのいうことを聞いてはならぬ。

ここで興味を引かれるのは、東大寺が寺領の荘園を「仏土」（仏の土地）と称している点である。彼らは寺の荘園をこう呼ぶことによって、それが人間の支配する土地とは次元の異なる、より神聖なものであることを示そうとしたのである。

寺院が治める領地を本尊や祭神の支配する不可侵の「仏地」「仏土」と称することは、何も東大寺だけにみられるものではない。平安時代の後半から鎌倉時代にかけて、さまざまな寺について数多くの例を見出すことができる。たとえば熊野本宮では祭神の名を借りて所領を「権現の領」と呼び、高野山では弘法大師を表に立てて「大師明神の本領」といっている。寺領＝神聖不可侵の「仏土」という理念は、中世にあっては仏教界全体に共有のものとなっていたのである。

なぜこの時期、「仏土の論理」ともいうべきこうした理念が昂揚することになったのであろうか。

私は第二章で、平安時代の半ばにあたる十一・十二世紀が、伝統仏教にとっての大きな転換期であったことを述べた。律令国家が解体し国からの援助がストップした寺々は、それにかわる新たな財政基盤を確立しようと血眼になった。そしてあるものは勧進活動に、またあるものは荘園経営に、生きのびるための活路を見出そうとしたのである。

「仏土の論理」はこうした当時の時代背景をもとにして生み出されてきたものであった。

十一世紀頃から寺院の必死の努力の結果、多くの大寺院でその所有する土地は飛躍的に増大した。しかし、それがそのまま寺家に安定した経済状態をもたらすかというと、必ずしもそうではなかった。たとえひとたび荘園を手中にしても、朝廷から地方支配を委任された国司やその配下の機関である国衙は私有地の増加を喜ばず、何かと口実を設けてはそれを国家に召し上げようとしたからである。また先に登場した三河守有政のような在地の有力者も、チャンスがあれば寺の土地をかすめとろうと隙をうかがっていた。

この時代は上は天皇家から下は中小寺院に至るまで、少しでも多くの土地を入手しようと狂奔していた時代であった。こうした緊迫した状況の中で、いかにすれば対抗勢力を駆逐して寺領を守りぬくことができるか。――寺の荘園を本尊や守護神の支配する「仏土」であるとし、その不可侵を主張する論理は、この課題に応えんがために寺院側によって作りあげられたものだったのである。

3 支配する仏神

「仏土の論理」は寺の支配地を神聖化することによって、競合者の手から寺領を守り抜くための論理であった。と同時に、その論理にはいまひとつの重要な役割が担わされていたのである。

十一世紀頃の石清水八幡宮寺関係史料の中に、宮寺の主張として次のような言葉が収められている。

石清水八幡宮の別宮は国家鎮護の聖地であり、古来厳重な神事を伝えてきた。ところがむかしから別宮に仕えてきた人々がだんだんといなくなり、奉仕を行うにも事欠くようになってしまった。

そんな状態に陥っていた昨今、寺領では旱魃が続き病気がしきりに流行した。困り果てた住民たちが息災を願って祈禱を行ったところ、治安二年（一〇二二）六月五日、「これは住民が寺への務めを怠っているから下した罰である」という託宣が下った。そこで住民は新たに神殿を建て神体を造立して奉仕に努めたところ、五穀もよく実り村にも平穏な日々が訪れた。

仏や神はその寺領に住む人々に対し土地の支配者として奉仕を要求し、従わない者には罰を下す。――このような論理によって、寺家側は自領荘園の住民がその支配に反抗するのを防ごうとした。寺家による住民支配を正当化するための論理。これが「仏土の論理」が背負わされたもうひとつの役割だったのである。

寺領の荘園が仏神の君臨する聖地であれば、そこに住む人々は仏に仕える下僕（仏奴、神奴）ということになるであろう。そうであるとすれば、彼らが寺に納める年貢・公事などと呼ばれるさまざまな税もまた、単なる領主への上納ではなく仏神への宗教的な奉仕にほかならない。

だから住民たちよ、寺のいうことをよく聞きすなおにきちんと税を納めていれば、仏神もそれを喜んで御利益を下し魂を救って下さるであろう。しかし、逆に荘園を横領したり年貢を出し渋ったりすれば、それは神仏への敵対以外の何物でもない。その場合には厳しい罰が下されることを覚悟しなければならない。――寺家は荘の住民に対しこのように説いたのである。

当時、年貢の率についてはおおよその目安はあったものの、領主と農民との力関係で左右されるという側面が強かった。だからどこの荘園でも、税率と税額については毎年さまざまなかけひきがなされるのが常であった。場合によっては住民たちが団結して耕作をやめたり、しばらく土地を離れたりすることもあった。

寺社領主はあくまで反抗をやめない農民に対しては、彼らの住宅や田畠に神木を立て、しめなわを張ってはいれないようにするという措置をとった。これは貸し与えていた土地を神仏が召し上げるという意味をもっていた。現代風にいえば、労働者のストライキに経営者側がロックアウトで対抗するようなものである。

また、本尊や守護神の祭壇の前に反抗者の名前を記した名簿を置き、「仏敵」である彼らに罰が下るよう祈禱を行ったりもした。さらに最後の手段として、寺の配下にあった「神人《じにん》」などと呼ばれる在俗の人々を派遣し、仏神にかわって反乱者の住宅の取り壊しや処刑などを行わせたのである。

現代に生きる私たちの眼からみたとき、こうした論理が仏の権威を利用しての、寺家の支配を正当化するための巧妙なからくりであることはすぐにわかるであろう。住民からの年貢にしても一部は仏神のために使われても、大部分は寺僧によって、彼らの欲求を充足するために消費されたことはいうまでもない。

しかし、当時の人々にはなかなかそうした捉え方はできなかった。古代や中世の人々の意識では仏神の存在は決して喩え話でも空想の産物でもなかった。彼らにとってそれはきわめてリアルな実在そのものであった。彼らは仏神の姿を感じその声を聞きその力を信じ、神仏との交感を重ねながら日々の生活を営んでいた。病気の時も天候不順の折も、最後に頼むべきものは神仏の力しかなかったのである。

そうした意識下にあった人々にとって、仏神を表に押し立ててのこうした支配がいかに重くのしかかっていたかは想像するに余りある。その寺社領の荘園が、中世の最盛期には耕地の五十パーセント近くにも及んでいたのである。

仏神の権威を利用しての支配は、寺社領の荘園だけにみられるものではなかった。この時代の荘園は本家―領家―在地荘官といった重層的な支配形態をとっていたから、天皇家や摂関家などが本家職をもっていた場合でも、寺社が領家職とされる例はきわめて多かった。たとえば皇室領についてみれば、その多くを長講堂領や新熊野社領・六勝寺領などの寺社領が占めていた。またそれ以外の場合でも、荘園の中央には必ず鎮護の寺社が勧請され、住民ににらみをきかせていたのである。

中世の荘園制支配とは、まさに神仏の権威を背景とした宗教的な支配にほかならなかったのである。

4 呪縛と解放

支配者側が機会を捉えては支配を強め収奪を強化しようとするのに対し、支配される民衆は少しでも貢納を減らして剰余を手元に留めておこうとする。——生産物の分配をめぐって、支配する者とされる者との間に綱引きが行われるのは、いつの世でも同じことであった。中世社会においては、荘園領主の支配に対して住民たちはどのような手段に訴えることによって、自分たちの権益を守ろうとしたのであろうか。

荘園制支配が宗教のベールをまとうものであったことは先に述べた。そうであるならば、それに対する抵抗も宗教的な形をとるのは必然的なことであろう。つまり中世では仏神を表に立てて支配を貫こうとする領主権力に対し、それに対する反抗もまた仏神に対する反逆という形態をとることになった。言葉をかえていえば、生産余剰の配分というまったく世俗的なレベルでの問題さえもが、中世では宗教的な外被をまとって現出していたのである。

都では法然糾弾の声が高まりつつあった元久元年（一二〇四）のことである。東大寺の寺領であったここ伊賀国（三重県）黒田荘では、農民たちが公文《くもん》（荘園の下級管理者）の罷免を求めて寺家に要求書をつきつけていた。

農民らの言葉によれば、かの公文の無軌道ぶりは目に余るものがあった。本来農民の世話役であるはずの公文が、因縁をつけては百姓の田畠を奪いとり、また東大寺に納めるべき年貢を自分の懐にしているという。

農民たちは、この横暴な公文の所行が単に百姓を苦しめるだけでなく、困窮した百姓が年貢を滞らせることによって寺にも損害を与え、ひいては寺領の本源的支配者である「仏の怨」にもなると警告している。そして、もしどうしても彼らの要求が容れられなければ大仏の御前に皆でおしかけ、仏にお別れを申しあげた上仏前に斧や農具を置き、先祖伝来の田畠を棄ててよそに逃散《ちょうさん》するとその決意を述べるのである。

また、それより約十年後の建暦三年（一二一三）、東大寺は同じ伊賀国の寺領玉滝《たまたきの》杣《そま》が、隣の信楽荘住人による不当な侵略にさらされていることを朝廷に訴え出た。その訴状は、信楽荘民の無法が停止されなければ住民が大仏の前に斧などを棄てて逃亡し、聖武天皇以来の伝統をもつ玉滝杣が滅びて、寺に対する奉仕者を欠くというゆゆしき事態になると述べている。この申状は東大寺からの要求という形はとっているもののの、一緒に荘民からの要望書を提出していることからみて、杣人につきあげられての上訴であったと推測される。

これらの例から知られるように、東大寺領に住む荘民や杣人は自分たちが寺に納める年貢や公事を、単なる領主への貢納とは考えていなかった。それは彼らにとっては大仏に対する宗教的な奉仕にほかならなかった。この点で彼らは、東大寺側の宗教的支配のイデオロギーを受け入れていたかのようにみえる。

しかしそれにもかかわらず、彼らはそのイデオロギーに完全にからめとられ、骨の髄まで呪縛されることはなかった。

農民たちは東大寺に対し、もし自分たちの要求が容れられなければ斧や農具を大仏の前に置いて荘園を立ち去るといっている。斧や農具は彼らが農作業・山林作業を営む上で不可欠の手段であり、それを仏に返して暇を告げるというのは仏への奉仕者の地位を離脱することを意味していた。

私たちは大仏領に住み仏に仕える者である。だから寺家も私たちが後顧の憂いなく仏への奉仕を全うできるよう、仕事と生活の環境を整える義務がある。もし寺が私たちの困窮ぶりを黙視するようであれば、私たちも仏の奉仕者の地位に留まることはできない。――農民たちはこのように主張することによって、寺に対して自分たちの要求を貫き通そうとしたのである。

領主側は「仏土の論理」をふりかざすことによって、住民を心身ともに寺の支配に組み込み縛りつけようとした。しかし農民たちもしたたかだった。「仏に仕える者というならば、それだけの条件と身分を保証せよ」――こう彼らは主張するのである。

領主側の支配イデオロギーを一見受け入れたようにみせながらも、いわばそれを逆手にとって自分たちの権益を守り広げてゆく。これが中世成立期の農民闘争の最も典型的なパターンだったのである。

農民たちは仏神を押し立てて支配を強めようとする領主側の論理を利用しただけではない。彼らはある場合には、みずから積極的に仏神の隷属下に入ることによって自己の立場を強化しようとした。

十一・十二世紀からはじまる荘園の拡大によって、国土に占めるその面積は急速に増加の一途を辿った。しかし、それによっても国家の支配する土地（公領）が消滅することはなく、あいかわらず大きな割合を占め続けていた。そのため院政時代には、公領と私領の荘園が国土の中に、モザイク状に混在するような状況を迎えたのである。

民衆はこうした状況を見逃さなかった。彼らは公領に住みながら、同時に近隣荘園の主である仏神の奉仕者（寄人《よりうど》・神人）という地位を獲得しようとした。そして、仏に仕える者（仏奴）であるという名目をたてに寺家のバック・アップを受けつつ、国家への納税を拒否した。彼らは国家と領主による二重支配の間隙を縫って、自己の利益を拡大しようと試みたのである。

さらにこの時代には、寄人・神人・供御人《くごにん》などと呼ばれた仏神への奉仕者となることは、それ自体が特権的な身分を得ることを意味していた。彼らは聖なるものに仕える身であるがゆえに、犯すべからざる存在とされた。彼らに暴行を加えたり傷つけたりすることは、イコール神仏への敵対とみなされた。また、彼らは諸税の免除や検非違使の譴責を受けないなどの、さまざまな経済的・社会的な特権を保証されていたのである。

これらの人々にとっては仏神の権威は、その主観的な意図においてはともかく客観的な観点からみれば、もはや彼らの地位と経済向上の手段以外の何物でもなかったのである。たとえ寺領に君臨する仏神の権威を認めたとしても、こうした形でそれを利用することは、彼らがその支配から一歩抜け出したことを意味している。荘園体制のもとでの宗教的な支配から、人々はこうして解放への道を歩みはじめたのである。

5 二つのたたかい

仏神の権威を押したてて支配を強化しようとする領主側に対し、その仏神の権威を利用し逆手にとって自分たちの立場を有利にしようとするのが、中世成立期の農民闘争の最もポピュラーな形であった。こうした形態の闘争は、当時決して非合法なものとして全面的に禁止されることはなかった。私は先に、もし寺家が自分たちの要求を容れなければ逃散を決行するという、東大寺荘民の主張を紹介した。そうした逃散もきちんとした手続きを踏んでなされたものであれば、社会的なルールとして領主は強制的に彼らをひき留めることはできなかったのである。

中世の農民には領主を選ぶ自由、移動の自由が保証されていた。彼らは土地に縛りつけられていた江戸時代の農民よりも、ある意味ではより自由な立場にあったのである。

さて、いままで述べてきたものが中世では合法的な農民闘争として認められていた方法であった。ただし、それが中世の農民闘争のすべてではなかった。そこにはもうひとつ、「非合法」化された闘争の形態があった。それは荘園に君臨する仏神の権威を認めた上でなされるものとは異なり、それらの仏神の権威を真っ向から否定するという方法である。

前者の闘争の場合、仏神の威光を背景とする荘園制支配の正当性は、支配する側にとっても支配される側にとっても所与の前提であった。だからいかに闘争が激化し長期化しても、ひとたび和解が成立すれば住民はもとの職場と生活に復帰しているのである。これはいわば現代のストライキ闘争のような、体制内の合法的な経済闘争であった。

ところが後者の場合は違った。荘園に君臨する仏神の権威自体を認めないのである。それは、荘園体制の根幹をなす宗教支配のシステムそのものを否定することを意味していた。これはもはやひとつの体制を前提とした経済闘争ではなかった。体制のあり方そのものを問う政治闘争であり、既存の秩序への正面からの反逆-革命であった。それゆえ、このようなタイプの闘争は権力側から非合法視され、徹底的に圧殺される宿命にあったのである。

それに加えて、中世の民衆にとっての仏神の存在はあまりにも重いものがあった。無神論などは問題外の時代である。そのため、中世ではどうしても前者の合法的な形態が民衆闘争の主流とならざるをえなかった。

だが、それがすべてだったわけではない。民衆がみずからの権利に目覚めそれをさらに拡大していこうとすれば、いつかは体制の壁に突きあたり、それを克服すべく荘園守護の仏神と対決する事態が到来することは目にみえていた。その時、仏神の存在そのものを否定できない中世の民衆が、宗教的権威を楯にして支配を貫こうとする荘園領主に対抗するためには、既存の仏神にかわる新たな精神的なシンボルが不可欠であった。彼らが荘園に君臨する仏神の呪縛から完全に解放されるためには、荘園鎮護の仏神を棄てて別の宗教的権威に帰依する必要があったのである。

それでは中世の民衆にとって、新たな精神の拠りどころとなるべきものとは何だったのであろうか。それは実際に存在したのだろうか。

6　破仏破神の意味

　ここで私たちは、専修念仏に投げかけられた旧仏教者の批判を思い起こさないであろうか。

「念仏者は阿弥陀仏と念仏だけが救いの道だといって、他の仏神や経典を誹謗しないがしろにしている」

「彼らは言葉で批判するだけでは足りず、経典を火にくべたり仏像を破壊したりしている」

　念仏者が攻撃しているという仏神は、中世では単に手をあわせて拝むだけの対象ではなかった。それは私たち現代人が宗教に懐くイメージの投影にすぎない。

　荘園に君臨し住民を心身ともに支配する主権者・守護者。それを崇敬しきちんと年貢を納めて義務を全うすれば、現世二世の安楽を保証してくれる救済主。反対に、敵対し年貢や公事を出し渋れば、恐るべき懲罰を下し祟《たた》りをなす圧倒的な存在。――これこそが中世の民衆が仏神に対して懐いていたリアルなイメージだったのである。

　ところが、専修念仏に帰入することにより、民衆は既存の仏神に対して畏敬の念を失った。のみならず彼らはその権威を否定し、仏像や経巻を破壊するという行動にまで出るに至った。それは領主たちにすれば、それまでなされてきた仏神への奉仕の拒否＝領主への敵対以外の何物でもなかった。と同時に仏神を恐れない農民門徒の行動は、その権威をイデオロギーの柱とする国家支配＝荘園制支配そのものに対する真っ向からの反逆と映ったのである。

だからこそ、諸仏諸神を誹謗する念仏者に対して、伝統仏教界はもとより国家権力までもがヒステリックな反応を示し、異常な敵意を燃やして弾圧に努めざるをえなかった。また、支配権力側から念仏者に対して、「国家を危うくする者」という非難の言葉が投げかけられることになったのである。

鎌倉時代の社会の中で、伝統仏教界や国家権力と念仏者の間に繰り広げられた激しい相克は、単なる信仰や思想のレベルでの対立ではなかった。それは支配体制の存亡にかかわるものだったのである。加えて、専修念仏に帰入して伝統的な仏神を否定するという行動には、ある仏神に帰して従来のそれから離れるといった一般的現象とは、同一に捉えることのできない意味があった。

それまでの伝統仏教に対する法然や親鸞の特色は、阿弥陀仏以外の一切の救済者を否定した点にあった。弥陀の与えてくれた本願の念仏以外では絶対に救われない。——これが彼らの基本的な立場だったのである。

このような理念は他の仏神のもつ宗教的権威をすべて奪い取り、それを阿弥陀仏一仏に集中する役割を果たすことになった（第四章参照）。それはとりもなおさず、さまざまな仏神の威光を背景として住民を支配してきた荘園領主から、その権威の源にある光背をはぎとることにほかならなかった。専修念仏に帰した人々にとっては、あのおどろおどろしい呪縛の祈禱も下罰の脅迫も、いまやなんら恐るるに足らないものだったのである。

このことに関連して、『沙石集』には、次のような興味深い説話が収められている。九州に浄土宗に帰依している地頭がいた。彼が所領内にあった神田（神の用に充てる田）を検注したところ、台帳に記されているよりも余分な田が発見されたので、それを没収してしまった。

ところがおさまらないのがこの神田の所有者である社僧や神官たちである。彼らは怒り狂って抗議し、鎌倉幕府にまで訴訟をもちこんだが、結局らちがあかなかった。そこで彼らは地頭に対し、田を返さなければ呪詛《じゅそ》すると申し入れた。しかし、地頭はにべもなくその要求をはねつけた。

「やるならやってみよ。阿弥陀仏の御加護をうけている念仏の行者に、神なんどがどうやって罰を下すというのだ」

これが地頭の答えだった。

この回答によって、神官たちはついに最後の切り札、呪詛に踏み切った。その効果はてきめんで、地頭はまもなく悪しき病にかかり狂乱の中で死んでいったという。

念仏者に批判的な立場から語られたこの話では、念仏者に神罰が下るという結末になっている。その真偽はさておき、こうした説話がつくられる背景には、神仏の権威を恐れない念仏者が平気で寺社領を侵略してゆくという現象が、当時実際にみられたと考えるべきであろう。唯一の救済主阿弥陀仏の光に護られていることを確信していた念仏者にとっては、他の仏神はもちろん現世的な秩序や法令さえもが、信念に基づくその行動を制約するくびきとはならなかったのである。

鎌倉時代に起こった念仏者によるこうした仏神誹謗の言動については、その師である法然や親鸞も一貫してそれを制止していた。加えて、過激な言動をとった人々の多くは「農夫田人」などと蔑称された下層民衆であった。そのため仏神誹謗は、ややもすれば無知な民衆による教理の曲解の産物とみなされてきた。しかし、この時代に仏神を攻撃することのもつ意味を考えてみれば、そうした見方は大きく修正される必要があろう。

彼らは祖師の高邁な思想を理解できないからこうした言動をとったのではない。師の思想をそうした形で用いることによって、自分たちの権益拡大の手段としようとしたのである。私たちはそこに彼らの無知や誤解をみるべきではない。彼らは師の制止にあえてそむいてまでも、師の思想から仏神否定という一点のみを取り出し、増幅しつつ受容することによってみずからの思想的武器としていった。私たちはそこに彼らの自主性と主体性をこそ見出すべきではなかろうか。

それまで民衆は、宗教教団であると同時に荘園領主でもあった旧仏教の上からの論理を、一方的に受け容れることによってのみ仏教に結縁することが可能だった。しかし、それは魂の救済とひきかえに、領主に対する身心の隷属を認めることであった。彼らは専修念仏と出会うことによって初めて、荘園体制下の宗教的支配の呪縛を断ち切る論理を手にすることができた。そして、法然の教えを受けた専修念仏者による仏神誹謗の盛行は、実際にその武器を行使した人々がいかに多かったかを示すものにほかならなかったのである。

祖師さえも意識しなかった、その思想に内包されていた革新性を真に理解し、みずからの生き方の指針としたのは、既成教団や権力との妥協にのみ心を砕いたプロの僧侶ではなかった。むしろ失うものをもたない名もなき民衆たちだったのである。

そして、それは日蓮の宗教についても同様であった。

第七章

熱原燃ゆ

1 日興の活躍

鎌倉時代は建治年間（一二七五―七八）に入った頃から、日蓮宗の教線は駿河（静岡県）方面で急速に拡大しつつあった。その布教活動の中心となったのが六老僧と呼ばれる日蓮の六人の高弟のひとり、日興であった。

これより先の文永十一年（一二七四）、佐渡流罪を許されて鎌倉に帰った日蓮は、彼に対する弾圧遂行の中心人物である幕府きっての実力者、侍所所司平左衛門尉頼綱《たいらのさえもんのじようより》《つな》と会見した。席上頼綱は日蓮に対し、彼の宗教を公認しそのしるしに田地を寄進したいこと、ただしそのかわりに日蓮の方は諸宗批判をやめて蒙古調伏の祈禱を行うこと、という妥協案を示した。

しかし、安国の前提としてまず何よりも誤まった宗教の排除が必要であると考えていた日蓮にとっては、諸宗と席を並べて祈禱を行うなどという提案はまったく問題外であった。日蓮は即座にこの申し出を拒否して鎌倉を退出し、以後は山深き身延の草庵に籠って弟子の育成に力をそそいでゆくのである。

身延に隠棲した日蓮にかわって布教活動の前線に立ったのが、各地に散った六老僧を中心とするその弟子たちであった。なかでも最もめざましい活躍ぶりを示したのが日興である。

日蓮と日興との出会いは、正嘉二年（一二五八）の日蓮の駿河国岩本実相寺訪問にはじまるといわれる。この年日蓮は、仏教者としての視点から続発する災害の原因と対策を考えるため岩本実相寺を訪れ、その一切経蔵（大蔵経を収蔵する倉）に入った。おりしも実相寺とほど近い天台寺院蒲原四十九院の住僧であった日興は、この時に日蓮と出会いその弟子になったと伝えられている。以後、日興は佐渡に流される日蓮に随行するなど、日蓮のいくところに影のごとくつき従い、側近として重要な役割を果たすようになった。

日蓮の身延入山後、日興は供僧という地位にあった本拠地四十九院を中心に、岩本実相寺・熱原滝泉寺などの近隣の天台系寺院に着々とその勢力を扶植していった。その結果、四十九院には日持・賢秀、実相寺には肥後公・豊前公、滝泉寺には日秀・日弁・日禅といった、日蓮の教えを奉ずるグループが形成されていくことになったのである。

この日興の活動を全面的にバック・アップしたのが、富士郡上野郷の地頭、南条氏一族であった。はじめ鎌倉において日蓮の教えに触れた南条兵衛七郎は、日蓮に対し深い帰依の心を懐くに至る。彼の死後南条氏と日蓮の関係は一旦途絶えるが、日蓮が身延に入るに及んで、兵衛七郎の子時光・七郎五郎の兄弟が山中の日蓮に供養の品を届けた。日蓮と南条氏との師檀関係は、ここにより強固なものとなって復活するのである。

隠棲した日蓮の代理として、たびたび南条氏のもとを訪れ教えを説いたのが日興であった。日興は南条氏とのきずなをより強いものとすると同時に、南条氏の血脈関係を辿って布教を進めた。その結果、日目・日道・日行といった日興門流の有力僧が南条氏の親族から輩出することになった。

南条氏という在地の有力者の支援は、日興の活躍の場と活動の成果をさらに大きく確固たるものにしていった。やがて駿河国富士郡には日興の指導のもと、日蓮生前のものとしては最大かつ最強の信徒組織が構築されてゆくのである。

なおここで注目されるのは、実相寺・滝泉寺などの天台僧グループ、南条氏らの武士グループに加えて、「百姓等」と呼ばれた農民の間にも信仰の浸透がみられた点である。

日興は彼に帰した僧俗に日蓮自筆の本尊を分かち与えている。そのリストの中には神四郎・弥五郎・弥次郎といった苗字をもたない「百姓」身分の者たちも名を連ねている。こと信仰の面に関しては、日興のグループでは僧俗の別や身分による明確な差別は存在しなかったのである。

それは、仏と法の前におけるすべての人間の平等を主張してやまない日蓮の教えを守った当然の帰結であったかもしれない。だが富士郡の信徒組織の構造と、弾圧に際しての農民たちの示した抵抗のエネルギー源を考える上で決して見過ごすことのできない点であろう。

2　弾圧の魔手

日蓮の宗教そのものが過激な異端児として白眼視されていた時代である。それが在地に根を下ろした教団として地上に姿を現わしたとき、権力や伝統仏教からの迫害が集中するのは避けられないことであった。日興の尽力によってようやく形を整えつつあった富士郡の信徒グループに対しても、やがてその勢力の拡大に比例して弾圧の魔の手が伸びはじめた。

弘安元年（一二七八）三月、日興をはじめとする四十九院の供僧四名は、寺務二位律師厳誉が彼らの学ぶ『法華経』を「外道の大邪教」と称し、彼らに迫害を加えることを不当として訴状を提出している。訴状によれば、厳誉は日興らの田畠を取りあげた上、寺内から追放しようと画策しているという。

これより早く滝泉寺でも、反日蓮の立場にあった院主代行智によって、日秀・日弁ら同寺の信徒グループに圧力がかけられていた。行智は法華信仰のメンバーに対し、『法華経』の読誦を停止し念仏を称える旨起請《きしょう》を書くよう強要した。それに従わない者についてはその所職と住房を奪い取り、寺外追放の処置をとったと伝えられる。さらにまた実相寺でも建治（一二七五―七八）の末頃、日興の弟子である肥後公・豊前公と、日蓮を批判する尾張阿闍梨らとの間に論争があったことが知られている。

なぜ天台系寺院において、日蓮の信徒グループが批判のやり玉にあげられることになったのであろうか。その第一の原因は、『法華経』とその題目以外を認めようとしない彼らの排他的な態度にあった。

滝泉寺では行智がまっ先にとりあげて批判したのは、日秀・日弁らが「法華経以外の教えでは、今世も後世も絶対に救われない」と主張している点であった。また、実相寺の尾張阿闍梨が問題としたのもやはり、諸宗を誹謗する法華グループの排外的性格であった。

私たちは先に、ひとつの仏、ひとつの行だけを肯定し他を否定する〈選択〉主義が、法然や親鸞の教団では祖師の死後しだいに放棄されてゆく傾向にあったことをみてきた。それにくらべるとき日蓮の高弟の主宰する集団において、〈選択〉主義がかたくなに守られていたことは注目に値する。しかも日蓮自身、こうした立場が他宗との摩擦を引き起こす原因となっていることを承知の上で、あえて門弟に対し妥協を禁止するのである。

この〈選択〉主義は前章で述べたように、単に宗教次元での問題に留まらず政治批判と密接に結びつくものであった。事実、諸仏諸神を誹謗する念仏者に対しては国家権力を発動しての激しい弾圧が加えられていた。念仏以上に尖鋭な〈選択〉主義をストレートな形で掲げ諸宗批判を行う日蓮の教団が、やがて宗教レベルでの論争をこえて政治的なレベルで権力側の反応を引き起こすことは、まさに時間の問題だったのである。

それに加えて、当時駿河国は得宗領《とくそう》であり、守護職もまた北条の家督によって継承されていたことを忘れてはならない。しだいに専制的性格を強めつつあった北条得宗（北条家の家督）の政治的・経済的基盤のひとつが、この駿河国であった。そこにおいて、いくたびも弾圧を受けている札付きの悪僧日蓮の勢力が伸張することは、鎌倉幕府にとっても絶対に看過できない問題であった。しかも、得宗専制を支える被官の筆頭に位置していたのが日蓮の宿敵、平頼綱だったのである。

幕府権力側からの圧力は、まず富士郡信徒の中心人物南条時光に向けられた。建治三年（一二七七）五月十五日付の南条時光宛日蓮書状では、幕府の権力を楯に時光に退転をせまる動きのあったことが窺える。こうした策動に対し日蓮は、もし時光が転向するようなことがあれば駿河の教団は壊滅的な打撃を受けるであろうと述べ、命を賭けても信仰を貫き通すよう激励した。

千町万町の領地を治める人であっても、ささいなことでたちまち命を失い、所領を召し上げられることもある。このたび法華経のために命を捨てるならば、何を惜しむことがあろうか。薬王菩薩は千二百年もの間身を焼き尽して仏となられた。檀王は千年間身を床とする苦行を経て今の釈迦仏といわれているのだ。

3 法難の勃発

権力側の魔の手は富士郡の農民信徒にも向けられていった。

弘安二年（一二七九）四月、熱原浅間神社の神事の最中に、富士郡下方の政所代と結託した行智がその雑踏を利用して、法華信徒の「四郎男」に刃傷を負わせるという事件が起こった。さらに同年八月には法華信徒の「弥四郎男」の首を切り、こともあろうにそれを日秀のしわざとみせるような工作を行っている。下方の政所は得宗の在地支配のための機構である。それが行智と組んで動いているところに、これらの事件の背後にうごめく権力の影をうかがうことができよう。

こうして弘安二年の秋には、法華信徒グループと得宗権力——反法華僧グループ間の対立が頂点に達していた。一触即発の緊張関係の中で、事件の山場ともいうべき九月二十一日の刈田《かりた》狼藉《ろうぜき》事件が発生するのである。

この日実際には何が起こったのか、事件の真相は必ずしも明確ではない。しかし、結果的には行智の告発によって法華信徒の「百姓」二十名が逮捕され、鎌倉へと拘引されて取り調べを受けることになった。行智の主張するところによれば、事件の概要は次のようなものであったという。

九月二十一日、弓箭を携えた多数の法華信徒が滝泉寺院主分の坊内に乱入した。日秀は馬に乗って「熱原の百姓」を指揮し、院主分の田を実力でもって刈り取らせた。その稲は日秀の住坊に運び込まれた。——武装した法華信徒グループが人数を催して実力行使に出た、というのが彼らのいい分だった。

しかし、日興にいわせれば事実はまったく逆であった。強引に日秀側の百姓の作物を刈り取ろうとしたのは行智の一味の方であった。百姓たちはその無法な行為を止めようとしたにすぎないと主張するのである。

法華信徒の農民二十名が即座に逮捕され鎌倉へ護送されるという手ぎわのよさからみて、この事件が行智——得宗権力側によってしくまれたものであることは疑問の余地がない。事件と並行して行智からすぐさま訴状が提出されたことも、その推測を裏づける。信徒に対する威嚇や個別的なテロでは決定的な効果をあげることができないとみた権力側は、農民たちが絶対に看過できない刈田という行為によって彼らを挑発し、一挙にかたをつけようとしたのである。

鎌倉での取り調べは侍所所司平頼綱によって得宗の私的な法廷で行われた。頼綱は拘引された農民たちに対し、まず念仏を称えるよう強要したという。この点からも私たちは、この事件が単なる刃傷や刈田狼藉といった次元の問題でなかったことを読み取ることができる。頼綱のめざすところは事件の真相究明などではなかった。法華信仰の根絶——それこそが彼の究極の目的だったのである。

日蓮といくたびか対決したことのある頼綱はその姿を通して、農民たちの団結と抵抗のエネルギー源もまた信心にあることを熟知していた。そこで彼は農民を取り調べるにあたって、まずその信心に揺さぶりをかけようとした。法華信徒の農民に彼らが何よりも忌み嫌っていた念仏を強要することは、信仰面での屈服を求めるものにほかならなかった。その一方で頼綱は農民に対し、罪を認めて念仏を称えれば赦免すると約束したという。

しかし、農民たちはこの提案を一蹴した。当代随一の実力者平頼綱の命令を一介の百姓たちがにべもなくはねつける。――頼綱にとっては全く予想外のことであったにちがいない。

激怒した頼綱は百姓をしばりあげさせると、十三歳になる子息飯沼判官に命じて彼らに向かって蟇目《ひきめ》の矢を射させた。

蟇目の矢とは先が空洞になっていて放ったときに音の出るものであり、狩猟や戦闘用ではなく矢合わせや儀式の時に用いるものである。頼綱にとって彼に真正面からたてつく百姓たちの言動は、悪魔がとりついたものとしか思えなかった。蟇目を用いたのは肉体に苦痛を与えて退転をせまると同時に、蟇目の音の威力によって憑依した魔を追い払おうとしたものであろう。

だが農民たちは屈服しなかった。最後まで念仏を称えることを拒み続けた。逆に彼らの口をついて出たものは唱題の声であった。彼らは声高らかに題目を唱えつつ、拷問に耐え抜いていったのである。

かの百姓たちが御勘気を蒙る時、南無妙法蓮華経・南無妙法蓮華経と唱えたことはひとえにただごとではありません。きっと平頼綱の身に十羅刹が入って、彼らが本物の法華経の行者であるかどうかを試みたのでしょう。たとえば雪山童子や尸毘王などが試練を受けたように。はたまた悪鬼が頼綱の身に入ったのでありましょうか。釈迦・多宝・十方の諸仏・梵天・帝釈等が末法の法華経の行者を守護すると誓ったのは、今この時のことを指しているのです。

大智度論には「変毒為薬」（毒を変じて薬となす）という言葉があります。妙の字が虚しくなければきっと速やかに賞罰が下ることはまちがいありません。日興らよ、君たちは深くこの旨を肝に銘じて裁判に臨みなさい。

これは農民たちが責めを受けたとき一斉に題目を唱えてそれに耐えたことを伝え聞いた日蓮が、日興に今後の活動についての指示を与えた書簡の一節である。日蓮にとってかの熱原の人々はもはやただの貧しき農民ではなかった。敢然と試練に耐える彼らの姿は、日蓮の目には真実の信心を会得した「法華経の行者」と映った。彼らはまた命と引き換えに法を求めた、釈迦の前生である「雪山童子」にも等しいものとみえたのである。

「法華経の行者」とはかつて日蓮が法華経の色読《しきどく》(身をもって読むこと)を体験した際に自称として用いたものである。日蓮は熱原の農民たちに対して、その信心を嘉して至高の呼称を与えたのである。

このようにして日蓮や日興は残された熱原の信徒の動揺を防ぐべく激励を続ける一方、鎌倉に拘留された百姓を救出しようと訴訟活動に全力を傾けた。しかし、その努力は実を結ぶことがなかった。一向に転向しない農民に業をにやした頼綱は、ついに主謀者として三名の人間を斬首の刑に処するのである。神四郎・弥五郎の兄弟と弥次郎がその犠牲となった。そして他の農民については禁獄の上、追放処分とするのである。

4 殉教の碑

弘安二年、駿河国は熱原に起こった法華信徒への弾圧事件は、農民三名の斬首、十七名の禁獄という信徒側にとってはまことに苛酷な結果に終わった。それにしても農民たちはなぜ日蓮の教えを受け入れ、命を捨ててまでもそれを守りぬこうとしたのであろうか。彼らの多くはわずかに一年余りという信心歴しかもたなかったにもかかわらずである。

法難に先だつこと十一年の文永五年（一二六八）八月、実相寺の衆徒＝住僧は鎌倉幕府に申状《もうしじょう》（要求書）を提出し、天下り式に任命された現院主の更迭と寺僧からの院主の登用を求めている。この申状は五十一カ条にもわたって院主の非法を列挙しているが、その中には領民百姓に対する不法行為が数多くあげられている。

ゆえなく百姓を責めさいなむ。彼らに不当に仕事を押しつけその馬を奪い取る。少年にむごいしおきを加える。――院主の無法ぶりを非難するこうした言葉に、権力を背景に住民を強圧的に支配しようとする院主に対する、衆徒の強い反感をみてとることができよう。

幕府によって任命され赴任してきた院主に対し、衆徒の大部分は近隣の村落の出身者であった。何かというと権力をちらつかせる外来の院主に在地出身の衆徒が反発し、農民と手をとりつつ彼を糾弾する。これが申状が書かれた当時の実相寺をめぐる対立の構図だったのである。

そしてこの中状の執筆者こそは、ほかならぬ日興その人であった。日興はかの行智についても、百姓を狩りの勢子に動員するその行動を農民の立場に立って批判している。

『本尊分与帳』に端的にみられるように、こと信仰の面に関しては日蓮は武士と農民に上下の差別を設けることをしなかった。また、日興は百姓の側に立って強圧的支配を推し進めようとする権力僧を批判した。日興のそうした姿に、唱題による身分や地位をこえた平等の救済を説いた日蓮の教えが具現されているのをみることができよう。日興とその弟子たちが農民の心をつかみそのスムーズな組織化に成功する背景には、常に民衆の側に立とうとする彼らの姿勢があったことを見落としてはなるまい。

他方、熱原の農民たちの事情を考えると、彼らは得宗権力を後楯とした行智ら権力僧の強権的支配の脅威にさらされていた。彼らが日蓮の宗教に帰依したのは教えの内容そのものに共鳴しただけでなく、領主の圧力に対抗するために日興らの指導を受け容れ、信仰を紐帯として連携をとったという側面があったことも否定できない。

しかし、鎌倉に拘引されて平頼綱と対面したとき、農民たちの心からはそうしたさまざまな打算や思惑は消え去っていたにちがいない。彼らの胸中を占めたものは、自分たちの生活を抑圧するだけでなく、さらに悪辣な手段でおとし入れようとする権力に対する激しい憤りであった。

得宗権力の中枢に位置する平頼綱にくらべれば、熱原の農民たちはあまりにも無力な存在にすぎなかった。しかも彼らは容疑者として身体を拘束され、権力側から一方的に意志を強要される立場にあった。

彼らはもはや失うべき何物ももたなかった。しかし、権力はそれにあきたらず、念仏を強要することによって彼らの心までも支配しようとするのである。

拷問のさなかに農民たちの口を突いて出た題目は、そうした理不尽な権力者に対して彼らが唯一なしうる命を賭けた抵抗であった。そのとき命の奥底からほとばしり出るような題目の響きの中で、彼らはみずからの救済についての絶対的な確信に到達していたにちがいない。

助命と引き換えに退転をせまる権力に対し農民たちが唱題で応えたとき、彼らの内には世俗的な権勢や身分についての意識はもはや存在しなかった。すべての関係は信仰の次元に還元され、正信をたもつ農民と謗法者としての頼綱だけが対峙していた。

今世は命を失おうとも、信仰を貫いた私たちは次生には必ず救われる。逆にいまはいかに驕り昂ぶろうとも、頼綱は来世ではこの償いを強いられるのだ。──いくたびも法難の大波に立ち向かい命を賭けて信仰を守った日蓮の精神が、いま彼ひとりの胸中からあふれ出て農民たちの心の奥底に流れこんだのである。

信仰における一切の人々の平等を説いた日蓮の宗教は、いま彼らのふるまいによって観念や教義の次元を越えてはじめて生命をふきこまれたといえよう。

この事件後二十年余りを経た後、日興はその『本尊分与帳』に殉教した三人の名をあげ、法難の顚末を記した後に、

事件後十四年を経て平頼綱父子は、謀反をたくらんで殺されてしまった。親子とも殺害されるとはただごとではない。法華経の行者を迫害した現罰を蒙ったのだ。

という言葉を書き加えている。

法難後いよいよ大きな権力を握り独裁を敷いた平頼綱とその子資宗は、正応六年(一二九三)四月、得宗北条貞時の命によって追討をうけ殺害された。日興にとってそれは、かつて二人が行った謗法の行為に対する当然の報いにほかならなかった。日

興は信仰の偉大さに改めて思いをいたしつつ、正信に殉じた三名の百姓の菩提を願ってこの記事を著わしていったのである。

5　信仰に生きた人々

私たちはこれまで念仏者の造悪無碍《ぞうあくむげ》の言動や熱原の法難について、かなり詳しくその様子を辿ってきた。従来の「鎌倉仏教」の概論ではほとんど触れられることさえなかったこれらの事件に、なぜこれだけの紙数を割いたのか。結論を先にすれば、私はこうした出来事に鎌倉仏教の歴史的な意義が端的にあらわれていると考えたからである。新仏教の最も輝かしい到達点は法然や親鸞や道元や日蓮の教説の中だけに存在するのではない。むしろその教えを生き信念に殉じた名もなき人々の生き方そのものの中にこそある。――これが鎌倉仏教に対する私の基本的な視点である。

繰り返し述べてきたように、民衆への仏教の浸透は決して鎌倉新仏教の専売特許ではなかった。民衆への浸透の度合いに着目するのであれば、新仏教成立以前に仏教はすでに人々の間に定着し、その世界観や意識や行動に影響を与えていた。

しかし、伝統仏教の衆庶への浸透は、精神的な面でも肉体的な面でも決して彼らに真の解放の道を示すものではなかった。仏の教えに触れることによって、人々は確かに自己の救いを身近に感じることができるようになったかもしれない。だが他方では仏教への結縁は、彼らが荘園体制下の支配イデオロギーの磁界にとりこまれることを意味していた。彼らがひとたび仏教に帰入したとき、そこからの離脱や反抗は仏神への敵対として呪詛と脅迫が加えられることになったのである。

それに対し、鎌倉期に相次いで成立する法然・親鸞・道元・日蓮らの宗教は、そうしたイデオロギーの呪縛を断ち切るための論理を提供するものであった。民衆の一人ひとりの心に精神的な権威と自信を付与し、彼らが世俗的な身分や支配秩序を克服しようとする際の拠り所を与えるものであった。同じく「民衆化」を推し進め庶民への布教に邁進したとしても、伝統仏教と法然らの宗教の間には越えがたい溝が横たわっていたのである。

だが、たとえ法然らの宗教が客観的にみてそのような思想史的意義をもつものであったとしても、それがそのままストレートな形で歴史上何らかの役割を果たすことはなかった。伝統仏教界や権力側の過敏な反応に驚いた祖師たちは、門弟が教義を他宗批判に用いたり現実の社会変革の論理として使用することを固く禁止するのである

（この点、日蓮だけはやや異なる）。また、教団が社会的に公認されることを望んだ門弟たちも、祖師の思想にみられる過激な部分を切り棄て、あるいは修正しようとした。

新仏教の革新性は祖師一代で終わりを告げた。祖師以降の教団の歴史は変節と妥協の歴史であった。要するに新仏教は思想面では画期的な境地を切り開いたが、彼らの宗教はそのままの形では社会に根を下ろすことができなかったし、社会の前進にも何ら積極的な寄与はなしえなかった。――鎌倉新仏教に対してしばしばなされるこのような論評は、先に述べたような捉え方の必然的な帰結であったといえよう。

しかし、このような見方にはひとつの重要な見落としがある。プロの僧侶における思想のあり方やその継受のみに目を向けていては決して浮かびあがってこない問題。それが専修念仏者の仏神誹謗の運動であり、熱原の農民たちの闘争であった。

それらのうち仏神誹謗の言動については、祖師からさえも厳しい批判を受けることを免れなかった。だが彼らの掲げたスローガンと基本的な立脚点が、いかに単純化されているとはいえ祖師の切り拓いた最も注目すべき思想的達成――〈選択〉主義と一仏至上主義――であったことは重要である。彼らはこれらの論理と、それによって裏づけられた俗権に対する宗教的権威の優位の信念を、その行動の精神的基盤としていったのである。

また、熱原の農民たちは、当代屈指の実力者に対して一歩も退くことなく、命を賭してその信仰を守りぬいた。日蓮の峻厳な一仏一行の信仰は無力で名もなき農民たちに受け容れられて、彼らをして幕府権力の中枢に位置する平頼綱をさえたじろがせるほどの勇敢な態度を生み出させてゆくのである。かの農民たちはその内面のみならず行動においても、身分や階層といった封建的な差別の克服に成功していたといえよう。

彼らが果たしてどこまで意識してそうした行動をとっていたかは知るよしもない。だがその言動を客観的な立場からながめたとき、これらの在俗信徒こそが祖師の教えのもつ歴史的意義の最も核心的部分を理解し、それをみずからの血肉としていった人々だったとはいえないであろうか。逆にいえば、身分や地位を越えた真実の世界の存在を示し、唯一の信仰による平等の救済を説いた祖師の思想と宗教は、これらの人々の実践によって初めて命をふきこまれたのである。

法然や親鸞や日蓮の精神をだれよりもよく理解したのは、権力との共存に心をくだいた良識ある門弟ではなかった。祖師自身さえ自覚できなかったその宗教の意義と革新性をかぎとり、それを行動の中に完全に消化したのはむしろ在俗の信徒たちだったのである。

もとより、民衆信徒の言動が祖師の教えをきわめて単純化したものであり、従来いわれたごとく、誤解や頽廃と紙ひとえであったことを否定するつもりはない。だが、教団の社会的公認の美名のもとに、祖師の精神を逆の方向に変容させていった教団主流の人々に、彼らを批判する資格はない。その思想理解がどの程度であろうとも、熱原の農民たちが命と引き換えに退転を拒んだとき、彼らは現代の私たちさえもが容易になしえない、真の意味で精神の自由をみずからのものとしていたのである。

6 夜明け前の時代

しかし、……。どのような意義づけを与えたとしても、そうした民衆運動の結末はあまりにもみじめで悲惨なものであった。

専修念仏者の仏神誹謗や造悪無碍の言動は一時かなりの頻度で史料に登場するが、伝統仏教や国家権力から徹底した弾圧を受け、やがて歴史の上から姿を消すに至る。私たちは今、諸仏諸神誹謗に対する敵意に満ちた非難中傷を山ほど史料上に見出すことはあっても、彼ら自身の弁明と主張をみることはできない。また、熱原の法難についても、中心信徒三名の斬首と十七名の禁獄という、農民側にとってはまことに厳しい結末となった。

なぜこうした運動が、鎌倉時代にあっては社会を動かし体制を変えるだけの力となりえなかったのだろうか。どうして孤立したまま姿を消さなければならなかったのであろうか。

そのひとつの理由は、彼らの運動を支えた〈選択〉主義や一仏至上主義の理念が、各宗の正統教学の座を占めることができなかった点にある。そうした理念は逆に異端視されて宗内でも激しい批判を浴びた。そして、是一非諸の排他的な主張にかわって、各宗では〈選択〉主義が放棄され他宗や諸仏諸神との平和共存が模索されてゆくのである。

是一非諸の〈選択〉主義を高く掲げ、世俗権力に対し宗教的権威の優越を声高に叫び続ける限り、権力側から張られた危険分子というレッテルをはがすことはできない。しかも、一部の信徒はその論理を根拠として、実際に既存の秩序や仏神に対する攻撃を開始していたのである。

そのため南都北嶺の伝統寺院が圧倒的な権威と権力を独占している鎌倉時代の社会

の中で、門弟たちがその教団の社会的公認をうるには、何らかの形で祖師の思想中の危険な部分を削除ないし修正する必要があった。その課題に応えるためにほとんどの門弟が意識的・無意識的にとった方法は、祖師の思想を伝統仏教からみて穏当なものへと解釈し直すことであった。すなわち、彼らは念仏や題目、弥陀や釈尊といった一仏一行以外の仏神・教行の価値を回復させることによって、一仏に対する専修の信仰を唯一の救いの道とした祖師の立場と決別した。そうすることによって、彼らは他教団との競合を避け秩序ある共存をめざそうとしたのである。

その目的のためには、祖師の〈選択〉主義をむしろ増幅し思想的武器とする一部の民衆信徒は、邪魔者以外の何物でもなかった。かくして教団主流派はかの民衆信徒の言動を異端として断罪した。さらに自己の保身のために、恥知らずにも権力に対して彼らの弾圧をさえ要求するのである。

新仏教を基盤とする民衆運動が停滞するいまひとつの要因は、当時の社会の発展段階とかかわるものであった。

古代の「律令体制」の後を受けて十一世紀後半にその形を整える中世的な社会体制は、今日の歴史学界では「荘園制」あるいは「荘園公領制」と呼ばれている。そこでは荘園領主である天皇家や摂関家・幕府・有力寺社が、共通の階級的利害の支配層を形成していた。新仏教が続々と誕生する十二世紀の末から十三世紀にかけては、この中世的な荘園体制が成熟へと向かう時であった。この時期、完成された荘園制のもとで、そのイデオロギー的基盤をなしていた宗教的支配が強力な機能を発揮していた。法然・親鸞・日蓮などひとたび反体制や異端とみなされた人物が、伝統仏教総体の名のもとに糾弾され、国家権力を発動して徹底した弾圧を受けることになった点にもそれをうかがうことができよう。

他方、支配に対抗する民衆の組織も、まだこの時期には十分な成長をとげるには至っていなかった。もちろん、「申状」をささげての領主に対する要求闘争や逃散も、平安時代の後期にはすでに行われていた。しかし、一部の有力農民に指導されたそうした運動は容易に一村あげての闘いにまで発展することはなかった。まして一荘園・一村落の枠を越えた広域闘争などはいまだにまったく存在しなかったのである。

またその目標も、体制のあり方を問題にする政治闘争とは違い、荘園体制を前提とした年貢減免や非法な代官の更迭といった経済的な側面に限定されていた。そうした状況のもとでは、荘園体制そのものへの挑戦であった仏神誹謗の農民運動は、まだその闘争を支えるだけの社会的基盤を得ることができなかったのである。

目覚めた民衆にまだ夜明け前の闇は深かった。しかし暁は着実に近づきつつあったのである。

第八章　文化史上の鎌倉仏教

1　古代の仏教文化

私たちはこれまで「鎌倉仏教」といわれるもののうちから主として法然・親鸞・道元・日蓮の宗教をとりあげ、それらがどのような時代を背景として出現しいかなる意義をもつものであったかを検討してきた。最後に宗教史という枠を越えたより広い視野から、彼らの宗教の歴史的な位置について考えてみたい。

六世紀頃に日本に伝来した仏教は蘇我氏などの有力氏族や天皇家の庇護を受けながら発展をとげ、奈良盆地に飛鳥文化・白鳳文化・天平文化と呼ばれる華麗な仏教文化の華を咲かせていった。

これらの古代の仏教文化は現代の私たちの眼からみても驚嘆に値するほどのレベル

に達していた。現存する世界最古の木造建築である法隆寺の五重塔の洗練された姿やその軒下の組物に、東大寺の不空羂索観音像のきらびやかな宝冠に、当時の壮大で優美な文化の跡をしのぶことができる。

しかしながら、こうした古代の頂点的文化は支配層の作り出した支配者のための文化であり、庶民にはまったく縁のないものであったことを忘れてはならない。『万葉集』に収められた奈良時代初期の歌人山上憶良の「貧窮問答歌」には、当時の人々の暮しぶりが次のように描かれている。

綿もなき　布肩衣《ぬのかたぎぬ》の　海松《みる》のごと　わわけさがれる　襤褸のみ　肩にうち懸け
伏廬《ふせいほ》の　曲廬の内に　直土に　藁とき敷きて　父母は　枕の方に　妻子どもは
足の方に　囲み居て　憂へさまよひ　かまどには　火気ふき立てず　こしきには
蜘蛛の巣かきて　飯炊く　ことも忘れて　ぬえ鳥の　のどよひ居るに……

おわんを伏せたようなそまつな一間だけの草ぶきの住居の中では、土の上に敷いた藁に家族みんなが体を寄せあうようにして寝ている。かまどからは火の気が絶え、しばらく炊事をした様子もない。食べる物に事欠いて今日は食事を抜いたのであろうか。彼らにできることは空腹をかかえ、寒さに耐えてじっと横になっていることだけだった。

奈良時代のはじめといえば、律令体制が完成し古代国家が最もその栄華を誇っていた時である。「青丹よし　奈良の都は咲く華の　にほふがごとく今盛りなり」と歌われた平城の都には、色あざやかな瓦をおいた建物が軒を連ね、東大寺や興福寺・薬師寺などの巨刹がいらかの高さを競っていた。それらの寺院の堂塔には、均整のとれた肢体をもった天平の仏たちが静かにほほえんでいたのである。

だが、都に花開いた華麗な天平の文化も、国民の圧倒的多数を占める民衆にはまったく無縁のものであった。「貧窮問答歌」にも描かれているように、当時の一般庶民は弥生時代とさほど変わらないタテ穴式住居の生活を送っていた。天平の文化は彼らに何の恩恵ももたらすことはなかったのである。

というよりはむしろ、都の文化は庶民の暮しぶりを圧迫していたというべきであろう。なぜなら彼らの生活をこれほどまでに悲惨なものとした原因は、ひとえに苛酷な税の取り立てにあったからである。そして、その重税こそが壮大な天平の文化を支える基盤であった。

いとのきて　短き物を　端切ると　言へるが如く　楚《しもと》とる　里長が声は　寝屋処《ねやど》まで　来立ち呼ばひぬ　かくばかり　術なきものか　世間《よのなか》の道

同じ「貧窮問答歌」の中では、里長がムチを手に税を催促してまわっている様子がこのように歌われている。古代の仏教文化は、民の文字通りの血税と怨嗟の上に築き上げられたものだったのである。

しかも一般の人々は、彼らの貢納によって建立された寺に参詣することすら許されなかった。彼らにできるのは耕作の手を休める合間に、遠く天空に聳え立つ塔の姿をふり仰ぐことだけだった。他方、この当時の国家仏教の僧尼もまた、寺に籠って国を護る技術と能力を修得することだけを要求されていた。彼らは寺を出て民衆に福音を説くことを禁止されていたのである。

仏の救いの光は、この時代にはまだ民衆にまで及ぶことがなかったのである。

2 民衆文化の開花

古代仏教のあり方に根本的な変容をもたらす契機となった出来事は、十世紀を転機とする古代律令体制の変貌であった。

律令体制が解体してゆくに従って、東大寺や興福寺などの官寺＝国立寺院は従来のような形で国家からの援助をとりつけることが困難となっていった。国家の支援に全面的に依存していた諸官寺は、ここに至ってそれにかわる新たな財政基盤を築き上げることを余儀なくされた。そして、その新たな経済的基盤こそが荘園や勧進活動からの収益だったのである。

ただし、荘園経営を行うためには寺院みずからが荘民を支配し、年貢などの諸税を取り立てなければならなかった。また勧進によって資金を集めるためにも、民衆に分け入り法を説き喜捨を勧める必要があった。ここにおいてはじめて、官寺の伝統を汲む諸寺院は民衆と直接対峙し、彼らをその支配下に編成してゆく必要にせまられたのである。

おりしもこの時期、着実に実力を蓄えつつあった上層農民は経済的な余裕が生まれるにつれて、さらなる上昇をめざす自己の精神的な拠り所として仏教を求めるようになっていた。こうした双方の事情を背景として、十一世紀頃から各寺院は積極的な民衆布教と彼らの編成に乗り出すのである。

伝統仏教の試みた民間布教の先陣を切ったのが、聖の名で呼ばれる一群の民間布教者であった。聖は庶民の生活の場に分け入り彼らに仏の救いの道を説き、寺院への寄進や参詣を呼びかけた。

民衆との接触の拡大は、伝統仏教側に庶民が受け容れることのできる容易な行の創出を促すことになった。私は先に、法然を待つまでもなく、本願の念仏によってだれしもが救われるという理念が巷間に定着していたことを論じた。それは自己変革に成功した古代仏教と、その尖兵となった聖たちの努力によるところが大きかったのである。

こうして平安時代の後期には貴族層はもちろん、庶民にまで寺院への参詣や参籠の習慣が普及し定着した。それに対応して寺社建築においても、仏の世界である内陣に対して礼拝者のためのスペースである外陣の割合が相対的に増大し、やがて多数の人々を収容できる本堂建築が成立する。また、寺社縁起絵巻のように民衆の身近な生活の場に舞台と題材を求め、庶民を鑑賞者とする芸術が生まれていった。中世社会への転換にともなって、民衆を疎外した古代文化にかわって、彼らを視野に収めた新たな文化がこうして育ちはじめたのである。

十二世紀に開花する中世的な民衆文化の流れの中で、やがて鎌倉新仏教は呱々の声をあげた。法然・親鸞・道元・日蓮らが一様にその宗教の「易行」性を強調して万人の救済を標榜した背景には、このような事情が存在したのである。その意味において、鎌倉新仏教はまぎれもなく中世の民衆文化の傾向に根ざしたものであった。

しかし、一見すると同じ「民衆的」という形容でくくることができるようにみえるものであっても、法然らの立場と彼以前の伝統仏教や諸文化との間には、ひとつの決定的な相違が存在したことを見逃してはならない。

既成の宗教や文化における民衆的側面は、民衆自身がみずからの欲求や嗜好に応じて創出し展開し完成したものではなかった。それは基本的に上から人々に与えられたものであった。頂点的文化の荷担者が、それとは別に民衆向けにアレンジしたものを用意したにすぎないのである。たとえば仏教界において民衆向けの易行が創出されていたも、教団内部にはそれよりも遥かに高度ですぐれた伝統教学と修法が保持されていたように。

その意味において、平安後期から鎌倉期にかけての中世前期の民衆文化には、大きな限界が残されていたということができるであろう。その民衆性とはまだ括弧付きのものだったのである。

もちろん、まったく民衆を視野の外においた古代の仏教や文化と比較して、彼らを対象とする諸文化が生まれたことの意義は決して小さいものではない。しかし、私たちはその限界もしっかりと見据えておく必要がある。しかも伝統仏教についていえばその民衆化とは、客観的な立場からみれば、民衆を荘園制支配に組み入れるためのイデオロギーとしての役割を担わされていたのである。

私は先に、有力寺院が積極的に民衆との接触を求めていったのは、彼らの支配を抜きにしては封建領主としての中世寺院への変身が不可能であったからであると述べた。事実、ひとたび仏の教えを受け容れた民衆は、「仏土の論理」などの厳しいイデオロギー的呪縛の磁界に組み入れられることになった。また、寺院への寄進行為を通して蓄積された田畠や金銭は、中世においては寺院存続の重要な財源となってゆくのである。

それに対し法然・親鸞・日蓮の宗教は、荘園制的な宗教的支配に対するきわめて強力かつ有効な克服の論理を、その思想中に内包するものであった。それまで宗教教団であると同時に荘園領主でもあった伝統仏教の上からの論理を、一方的に受け容れることによってのみ仏教に結縁することのできた民衆は、これらの宗教と出会うことによってはじめて、支配と対決するみずからの思想的武器を手にすることができた。それはより巨視的な見方からすれば、従来の上から与えられる文化にかわって、彼らがようやくみずからを主体的な荷担者とする文化を獲得する道が開かれたことを意味していたのである。

しかし、それらの思想を行動の指針とした民衆の行く末は悲惨であった。民衆のさらなる自立と解放の願望を背景とした伝統的な宗教的権威に対する闘争も、既存の仏神の揺るぎない権威が確立され農民の自主的組織の未発達であった中世前期においては、異端の烙印を押されて孤立してゆく宿命にあった。彼らにはまだ新仏教をみずからのものとして主体的に受容しそれを行動の基盤とするだけの力量と、それを可能にする客観情勢が欠けていたのである。

新仏教は新たな民衆の時代の黎明を告げる暁鐘であった。だがそれは時代に先だつ暁鐘であるがゆえに、伝統秩序からの反発を一手にひきうける運命を避けることができなかったのである。

3 惣と町衆と

親鸞や日蓮にみられた一神教的な神観念と〈選択〉主義がストレートな形で広く社会に受容されるのは、室町時代も後半に入った十五世紀からのことであった。その社会的背景のひとつとして、南北朝時代の頃から「惣《そう》」と呼ばれる地縁共同体が各地に形成されてゆく点をあげることができよう。この「惣」とはいったいどのようなものだったのか。

黒澤明監督の名作に「七人の侍」という映画がある。実際に御覧になった方も多いに違いない。実はあの映画の中に、典型的な惣村の姿をみることができるのである。

時は戦国の乱世。山間の小集落が映画の舞台である。その村では毎年収獲期になると野武士が押し寄せ、作物を根こそぎ略奪するという事件が続いた。困りはてた農民たちはついに自分たちの力で村を守ることを決意する。しかし、何といっても相手は戦《いくさ》のプロである。村人だけではいかにも心もとない。そこで彼らは助だちとして腕利き《の》の武士を雇うことにした。

村人たちの頼みに応えて村を訪れたのは「七人の侍」であった。彼らは村人たちと協力しながら野武士と闘い、それを全滅させて村を守ることに成功するのである。

かつて古代から中世前期にかけて、農民の大多数は家族単位では自立した農業経営を営むことが困難であったといわれる。彼らは領主や有力農民から田地や種籾・農具・肥料までも貸し与えられ、その指示に従って労働に従事しなければならなかった。彼らは作業内容はもちろん、村の運営についても口をさしはさむことは許されなかったのである。

それに対し、「七人の侍」に登場する戦国時代の農民たちはその立場を大きく異にしていた。もちろん、彼らもどこかの領主に帰属し、年貢を納めることを義務づけられていたであろう。だが、領主は村に在住せずその支配も彼らの日々の生活にはまったく及ばなかった。村人たちは所定の年貢さえ納入すれば他のことについては一切干渉を受けることがなかった。村の日常的な運営については彼らの判断に一任されていたのである。

また村の方針を決定する場合にも、この時代には中世前期と異なる新たなルールが確立していた。平安時代や鎌倉時代では村の運営は一部上層農民だけの専決事項であった。ところがここでは、ほとんど全構成員（ただし男性のみ）が集まって方針を協議するシステムができあがっていた。ちなみに、侍を雇って村を守ることも寄合の席で決められたものである。

もちろん、年齢や経験の違いによって発言力に差はあったであろう。しかし、村落運営の方針は基本的には全構成員の集会において決定さるべきものだった。農民はいまや村の主役そのものだったのである。

農民の自主的な組織である惣の成立は、彼らの精神的な自立を促し、その団結と闘争力を著しく高める結果となった。惣に結集した農民たちは、次には彼らの生活の基盤をいっそう豊かで強固なものとするために、領主に対し年貢の減免等のさまざまな要求を突きつけた。そして、その目的を達成するために村ぐるみで領主との交渉を繰り返した。かくして室町時代には、惣を基盤とする「荘家の一揆」と呼ばれる要求闘争が全盛を迎えることになったのである。

このような農民闘争はやがて十五世紀に入った頃から質的な変化をみせはじめる。ひとことでいえば村落・荘園を単位とした経済闘争から、多くの荘郷が密接に連携をとりあっての政治闘争への展開である。

正長元年（一四二八）、将軍義持没後の社会不安のさなか、近江にはじまる交通業者や農民の蜂起はまたたくまに畿内一円に広まった。有名な「正長の土一揆」である。一揆に参加した人々は徳政を要求して京都市中に打ち入り、高利貸しを営んでいた土倉や酒屋へと押し寄せては借用書を破り質物を取り返した。これ以降も西日本では十五世紀を通して毎年のように土一揆の蜂起がみられるのである。

この土一揆が先行する荘家の一揆に対してもつ第一の特色は、闘争対象が個別の領主ではなく幕府そのものであった点である。また、その組織も荘家の一揆のように一荘単位の住民によって構成されるものではなく、広範囲の土豪・農民・交通業者などが相互に綿密な連携をとりつつ戦線を形成していた。さらに闘争目的についても、荘家の一揆のそれが年貢の減免や非法代官の罷免といった荘園内部の問題に限定されていたのに対し、土一揆になると権力中枢に徳政といった政治的な要求を突きつけるものとなるのである。

こうして十五世紀には、広範囲の連帯に基づく民衆闘争の実績が積み重ねられていた。おりしもこの時期は、中世社会の骨格をなしていた荘園体制が最終的な解体期を迎えていた。権力の多元化・分散化は急速に進行し、朝廷はもちろん、室町幕府もまた全国政権としての実態を失いつつあった。そうした中での民衆闘争の昂揚は、人々の心に体制内での経済闘争を越えた反封建の闘いへと向かう気運を徐々に醸成していったのである。

他方、眼を農村から都市に転ずると、首都京都では南北朝時代頃から商人層が著しい成長ぶりを示していた。それにともなって京都は、かつての帝王の都としての政治都市から商業都市へと急速な変貌をとげつつあった。特に応仁の乱(一四六七―七七)後、町衆と呼ばれた有力商人たちは荒廃した京都復興の主役としてめざましい活躍をみせた。

こうして京都の主人公としての自負を懐くに至った町衆が次にめざしたのは、京の町を自分たちの支配する自治都市化することであった。そして農民たちが惣へと結集したように、彼らもまた自治組織を結成し武装化を進めてゆくのである。

自衛権と自治権の獲得をめざしての町衆の運動は、十六世紀に入ると現実化に向かった。彼らは組織的な武力を蓄えて団結し、京都市中の事実上の自治権を手中にするに至る。のみならず、その社会的実力を背景として幕府や近隣大名に対し、地子銭などの名称で呼ばれた彼らの支払うべき税の減免を要求するのである。いまや都市にも農村にも、広い範囲の民衆が団結しての体制を越えようとする運動の火の手が上がりはじめたのである。

4　国民文化の成立

石庭で有名な京都の竜安寺の方丈庭園に置かれた石の裏に、小太良・清二良という名が刻まれてあることが知られている。これらの名はこの庭園の製作にあたった人物が、記念に自分の名を刻みつけたものであろう。

室町時代に入ると、高度な作庭技術を要する名庭が次々と作られはじめた。そのうちには銀閣で有名な東山の慈照寺をはじめ、今日まで保存され観光の名所となっているものも少なくない。こうした庭園の製作を担当した集団が、山水河原者《せんずいかわらもの》とよばれる被差別民の集団だった。庭師として有名な善阿弥やその孫の又四郎はその代表的人物である。小太良・清二良もまた、この河原者だったと考えられるのである。

彼らは専門の指導者の指示に従って、ただ肉体労働に従事するだけの存在ではなかった。彼ら自身がその設計と製作の主体であった。いうまでもないことであるが、この時代、庭をつくる際には自己流の流儀は許されなかった。樹木や石の配列から池の形に到るまで、すべてにおいて一定の原則をふまえることが必要とされた。そのため製作者は、仏教や道教・陰陽道などに、深い造詣と幅広い知識がなければならなかったのである。

長享三年（一四八九）五月、鹿苑院を訪れた河原者は、作庭の理論をめぐって門主と問答を交わした。門主は河原者の学識の深さに感銘を受け、それを日記にしるしている。

室町時代は現代まで続く、廻遊式の日本型庭園の基本的な形式が完成する時代であった。そうした庭園が、河原者とよばれる差別を受けた人々の手で作製されていたことは注目に値する。社会の底辺におかれた人々が、この時期、頂点的文化の担い手として登場してきたのである。

庭園だけにとどまらず、室町時代は庶民が文化の担い手として広く台頭した時代であった。その進出は時代の頂点的・代表的文化の分野にまで及んだ。たとえば猿楽能の大成者、観阿弥・世阿弥は、社会的には決して高い身分の出身ではなく、はじめその芸風は「乞食の所行」と蔑称されていた。そのほか狂言や連歌・御伽草子など、この時期に定着する新たな文化はみな、衆庶の間で練りあげられ、鍛えられていったものであった。千利休によって芸術にまで高められた茶の湯もまた、一服一銭の茶売りを介した、民衆への喫茶の習慣の普及を前提として成立したものだったのである。

私たちは先に、十二世紀にはじまる中世文化の胎動をみた。それは民衆を疎外した古代文化とは異なり、彼らを享受者として視野のうちに収めたところに画期的な意義があった。しかし、そうした文化は民衆自身の欲求によって民衆の間で作り出されたものではなく、頂点的文化の担い手がいわば庶民向けにアレンジしたものだった。その民衆文化の上には、伝統的な流れをくむ、犯しがたい威厳をそなえた公家文化の峰々がそびえ立っていたのである。民衆向けの方便という点において中世前期の民衆文化の役割は、法然以前の念仏聖によって広められた称名念仏の位置に似ている。

だが、室町期にはじまる新たな文化の流れは違った。そこに到ってはじめて、民衆がみずから時代の頂点的文化の荷担者となり、製作者となりうる客観的状況が到来したのである。

思えば、これまで言及してきた、能をはじめ茶の湯・立花・俳諧連歌・御伽草子など室町期に型を整える諸芸道は、いずれも今日、日本を代表する伝統文化と考えられているものである。それらが広く人々の間に受容され、洗練されつつ現在に到るまで継承され続けてきたのは、それが成立の段階から民衆に根ざしたものだったからであった。惣の結成や町衆の台頭にみられる民衆の地位向上を背景として、民衆自身がみずからのための文化を生み出す主体となる時代が、ここにようやく到来したのである。

5　民衆運動と仏教

かつて異端として厳しい弾圧を受けた親鸞や日蓮の宗教（浄土真宗と日蓮宗）が、十五世紀頃から急速に社会に浸透してゆく背景には、こうした社会や文化の大きな変動があったことを見逃してはならない。

真宗の場合、宗内の一小教団にすぎなかった本願寺を日本最大の教団にまで発展させた立役者は、本願寺第八代の法主蓮如であった。

長禄元年（一四五七）、蓮如が本願寺法主を継いだとき彼はすでに四十三歳であった。以後、彼は精力的な活動を展開した。

蓮如の登場する十五世紀後半は、すでに述べたように土一揆の火が燃え盛り、民衆の間に反封建の気運が高まりつつある時期であった。そうした中で布教を開始した蓮如がまずとりくんだのは農民層の信徒化であった。蓮如は村々を教化するにあたって、「坊主と年老《としより》と長《おとな》」の三人をまっ先に信徒にする必要があると述べている。この三名は惣村の中心人物であった。蓮如はまず彼らを帰依させることによって、村ぐるみ信徒化を進めようとした。そしてその試みはみごとに成功し、大きな実を結ぶことになるのである。

加えて、蓮如は民衆にもよく理解できるように平易な言葉での説法を心がけた。ただし、彼は単に真宗教学をわかりやすく翻案しただけではなかった。真宗本願寺派でも親鸞以降、覚如や存覚の手によって旧仏教との思想面での妥協が進められていた。蓮如はそうした伝統をひとたび清算し、親鸞にみられた阿弥陀一仏至上主義と〈選択〉に基づく専修を復活させようとした。ここに唯一至上の救済主として、弥陀が再び姿をあらわすことになったのである。

かつて祖師の生前においても、その一仏至上主義と〈選択〉主義は荘園制支配に反抗する農民らによって受容され、各地で信徒による仏神誹謗の言動が頻発した。しかし鎌倉時代においてはまだ荘園体制の枠組みは強固なものがあり、伝統仏教の権威と権力も圧倒的に強力であった。そのため弥陀の権威に依拠した反伝統仏教の民衆運動も、否応なしに孤立化し消滅する運命を避けることはできなかった。そして、みずからの教えが再び農民闘争と結びつくことを恐れた門弟の多くは、その危機を除去しようと祖師の教学の根本的な改変に着手するのである。

しかし十五世紀も後半に入った今、状況は一変した。荘園体制は動揺しその秩序は急速に解体の度を深めつつあった。中央権力は全国政権としての体裁を失い、地方には自立した権力が簇生していた。さらに、権力の分散化の間隙を縫って民衆闘争はかつてないほどの盛り上がりをみせていた。このような状況下で、民衆運動が蓮如の説く厳格な一仏至上主義と結びついたとき、絶対的存在である弥陀の名のもとに、地上の支配秩序を一挙にくつがえすようなエネルギーを生み出すことはほとんど必然的な現象であった。中世前期において、常に異端の烙印を押され排撃される運命にあった専修念仏の〈選択〉主義が、より深くより広く在地の民衆に受容され、支配秩序の土台そのものを揺るがす彼らの闘いを支える理念となりうるだけの客観情勢が、この時期に至ってはじめて熟したのである。

事実、真宗の教線は各地の惣組織を単位として農民や土豪層へと伸びていった。真宗の広まるところ、そこでは常に伝統寺社に対する破壊がともなった。真宗の最も強力な地盤となった北陸では、「門徒物知らず」という言葉の通り伝統的な民間習俗は根だやしにされてしまった。真宗を受容した民衆のエネルギーはやがて一向一揆となって爆発し、加賀国(石川県)では百年にわたって支配者を追放して門徒の支配が行われた。また、一向一揆の勢力は信長・秀吉らの天下統一に立ちはだかる最大の障害となったのである。

蓮如が北陸で活躍していた頃、京都の町にも新たな宗教運動の渦が起こりつつあった。南北朝時代に京都に進出した法華宗＝日蓮宗は、特に応仁の乱後になって、町衆の台頭と軌を一にして著しい発展をとげた。町衆は自分たちの団結のシンボルとして日蓮の宗教を受容していったのである。

その結果、天文年間(一五三二—五五)のはじめには、「洛中二十一カ本山」と称された巨刹が、東西半里・南北一里ほどの市中にひしめきあってその威容を競うに至った。これらの各本山寺院は多くが塀や土塁などの防衛施設を備えた要塞のごとき構えをもっていた。京都の町はこの二十一カ本山を中核として周囲に厳重な防備が施され、町衆—法華一揆の支配する一種の治外法権の世界が出現することになったのである。

真宗や日蓮宗がこのような形で受容されたことは、この段階になってはじめて民衆に、みずからの地位や権益向上のため主体的にこれらの宗教を受容する力量とそれを保証する客観情勢が備わった結果とみることができよう。親鸞や日蓮の宗教世界は、ここにおいて社会実体をともなって実現されることになった。しかし、絶対的存在のもとでの平等を、来世や観念の次元だけで満足せず、彼らの前に立ちはだかる支配者を打倒することによって現実社会の内に打ち立てようとする門徒の行動を、親鸞や日蓮が生きていたならばどのような眼でながめたことであろうか。

あとがき

　本書を貫く基調色があるとすれば、それは「怒り」であるといえるかもしれない。校正刷を読み直しながら、ふとそう思った。

　この本の草稿の執筆は六、七年も前にさかのぼる。当時、私の職場は極度の混迷状況にあった。とびかう怪文書、連日の団交、夜中の無言電話。

　明日にも職を失いかねない異常な状態の中で、あいまをぬって少しずつ書きつがれた本書には、当時の私の昂揚した心理を反映して、「怒れる」人々の姿がみちあふれているのかもしれない。

　だが逆に、これまでの多くの鎌倉仏教論は、あまりにも悟りすました、あるいは温厚な祖師の姿を描こうとしすぎていたとはいえないだろうか。彼らの思想の決定的な転換と深化は、ほとんどの場合、命にかかわるような迫害の緊張の中でなされたものであった。彼らをして、伝統的な学問の否定と新たな宗教体系の創出へとかりたてたものは、権力の不正や聖職者の偽善を憎む、不動明王のごとき「怒り」だったのではなかろうか。

本書の鎌倉仏教論が当時の私の感情の代償行為にすぎないものか、あるいは鎌倉仏教研究に新たな視野を拓いたものとなっているか、その判断は読書の皆様にゆだねるしかない。

いうまでもなく、本書はその多くを先学の業績によっている。主要な参考文献は末尾に付したが、概説書としての性格上、すべての文献をいちいち明記することはしなかった。学恩をうけた諸先学に対しては厚く御礼申しあげたい。

最後に本書の企画の段階から全般にわたってたいへんお世話になった、第三文明社出版部の方々に心より感謝申しあげたい。

一九九四年九月二十七日

佐藤弘夫

鎌倉仏教をもっと知りたい人のために——参考文献

〈本書全体に関わるもの〉

鎌倉仏教についての代表的な概説書としては、戸頃重基『鎌倉仏教』(中公新書)、田中久夫『鎌倉仏教』(教育社歴史新書)がある。前者はきわめて主体的な問題意識に立って、鎌倉仏教の現代的意義を考えようとしたもの。後者は旧仏教、特にその教理に多くの紙幅をさいているところに特色をもつ。黒田俊雄『寺社勢力』(岩波新書)は、近年の日本史研究界の成果をふまえた、社会的存在としての寺院を素材とする中世仏教論である。

より本格的な研究に触れたいと思われる方には、古典的な名著として、家永三郎『中世仏教思想史研究』(法藏館)と井上光貞『日本浄土教成立史の研究』(山川出版社)をお勧めできる。田村芳朗『鎌倉新仏教思想の研究』(平楽寺書店)は、鎌倉新仏教の共通の背景としての天台本覚思想に着目したもの。最近の研究としては、佐々木馨『中世国家の宗教構造』(吉川弘文館)、松尾剛次『鎌倉新仏教の成立』(同)などがある。

以下、章ごとに主要な参考文献をあげる。

〈第一章〉法然の伝記に関しては、田村円澄『法然』(吉川弘文館人物叢書)、および『法然上人伝の研究』(法藏館)が詳しい。法然の生の言葉に触れたい人には、日本思想大系『法然・一遍』が解説もいきとどいていて便利である。法然の思想をめぐる研究は数多いが、最近では平雅行「法然の思想構造とその歴史的位置」(『日本中世の社会と仏教』塙書房)が鋭い問題提起をしている。

法然が遊学した比叡山については、景山春樹『比叡山と高野山』(歴史新書)、村山修一編『比叡山と天台仏教の研究』(名著出版)などの概説書がある。高橋昌明『湖の国の中世史』(平凡社)は、日本史の立場から「延暦寺王国としての近江」の実態を描いている。

〈第二章〉聖・上人・持経者などとよばれた平安時代の民間布教者の姿は、『日本霊異記』『今昔物語集』などの説話集中に活写されている。その信仰と活動を知る上で、極楽浄土に往生したと信じられた人々の伝記を集めた『往生伝』も見逃すことはできない。日本思想大系『往生伝・法華験記』はそのうちの主要なものを収録している。

伊藤唯信『浄土宗の成立と展開』（吉川弘文館）は、聖の系譜の中で法然の宗教の成立を考えた研究の代表的なもの。中世の仏堂建築については、建築史の立場から法会のあり方と仏堂の変化との相関関係を考察した、山岸常人『中世寺院社会と仏堂』（塙書房）がある。

〈第三章〉　親鸞の思想と行動の概略を知るためには、赤松俊秀『親鸞』（吉川弘文館人物叢書）が便利であろう。古田武彦『親鸞』（清水書院）は、今日邪馬台国研究や九州王朝説で有名な氏が、既成の親鸞像をくつがえそうとしたもの。常識的な親鸞論にあきたりない方に、ぜひお勧めしたい。親鸞の著作に関してはその全集もあるが、岩波文庫などからでている『歎異抄』が入門用として最適であろう。

日本の近代化と真宗との関係に論及した研究としては、R・N・ベラー『日本の近代化と宗教倫理』（未來社）などがある。

〈第四章〉　日蓮と道元の人物と思想を理解する手がかりとして、吉川弘文館の人物叢書が参考になる。両者とも本格的な全集が出ているが、とりあえず主要な著作をみたい場合には日本思想大系が重宝である。

道元の著作は難解なので、『正法眼蔵随聞記』（岩波文庫）などから読みはじめるのもよいだろう。

鎌倉仏教と国家権力とのかかわりあいをめぐっては、黒田俊雄『王法と仏法』（法藏館）、佐藤弘夫『日本中世の国家と仏教』（吉川弘文館）などの研究がある。

〈第五章〉　専修念仏弾圧事件については、田村円澄『法然上人伝の研究』（法藏館）がその経過を詳しく辿っている。平雅行『日本中世の社会と仏教』（塙書房）は、イデオロギー論の立場から弾圧の原因を考察した研究者必読の好著。

祖師の思想が門弟たちにどのように継承されたのかという問題をめぐる研究は、祖師そのものについての研究に比して決して多くない。佐藤弘夫「初期日蓮教団における国家と仏教」（『日蓮上人と日蓮宗』吉川弘文館）は、初期日蓮教団における日蓮思想の変容を検討したもの。

〈第六章〉 中世の民衆運動をめぐる研究は、近年活発化している。現在の研究の水準を知るためには、『講座一揆』（全五巻、東京大学出版会）が便利である。入間田宣夫『百姓申状と起請文の世界』（東京大学出版会）は、申状と逃散を手段とする中世農民の戦いぶりをいきいきと描き出している。

中世の民衆世界を窺い知るための概説書としては、佐藤和彦『自由狼藉・下剋上の世界』（小学館）、黒田俊雄編『中世民衆の世界』（三省堂）などが手ごろであろう。

なお本章の題は、岡本潤氏の同名の小説から借用したものである。

〈第七章〉 駿河国富士郡に起こった日蓮教団弾圧事件＝熱原の法難については、農民側の中心的指導者であった日興の言動を軸に、堀日亨『富士日興上人詳伝』（上下、聖教文庫）が詳細にその経過を描いている。高木豊「熱原法難の構造」（『日蓮とその門弟』弘文堂）は、この事件に関するほとんど唯一の本格的な研究。当時の政治的・社会的背景をふまえ、法難生起の必然性についてすぐれた分析を加えている。

〈第八章〉　鎌倉仏教を広く歴史・文化史上に位置づけるという作業は今後の課題である。それを試みたものに、『講座日本文化』（全八巻、三一書房）の第三巻に収められた、石田善人「中世文化の形成」、藤井学「中世宗教の成立」などの諸論文がある。石田一良『浄土教美術』（ぺりかん社）は、精神史・文化史の資料として浄土教美術を扱っている。宗教・思想・美術などを素材として時代精神を立体的に描出しようとした研究であり、文化史学の古典的な業績である。

室町時代の文化については、『中世の民衆と芸能』（阿吽社）所収の諸論考、とりわけ川嶋将生「山水河原者」に教えられるところが多かった。

補論

鎌倉仏教論を読みなおす——文庫化によせて

1　文庫版刊行にあたって

この本はレグルス文庫（第三文明社）の一冊として、一九九四年に刊行された。『日本中世の国家と仏教』（吉川弘文館、一九八七年、新装版二〇一〇年）に次ぐ、私にとって二冊目の単著である。実際に執筆した時期は一九八八年ごろ、私がまだ三十代半ばのときだった。出版社に原稿を渡してはいたものの、途中で担当者が変わるなどさまざまな事情があって刊行が大幅に遅れたものである。

出版後もこの本の売れ行きは芳しくなかった。当時、レグルス文庫からは仏教学関係の名著といってよい数々の本が出ていたが、本書が多くの人の目に留まることはなかった。ただ一つの書評もなく、研究文献における引用・言及も皆無だった。初版が品切れになった段階で、絶版となった。その後、問題意識の変化もあって、私自身が封印していた一冊だった。

このたび、ちくま学芸文庫から再刊の話をいただき、昔の日記を読み返すような気持ちで久しぶりに本書を通読した。文章表現も内容もいまの時点で振りかえると気になる点が多く、躊躇する気持ちが強かったが、編集部の増田健史さんの熱心なお勧めもあって、封印を解く決意をした。

本書を読み直して改めて感じたのは、この本は良くも悪しくも、あの時点の私にしか書けないものであるということである。いま同じテーマで書こうとすれば、まったく違う本になることはまちがいない。中途半端な改訂も、もとの本のもつ息遣いを消し去ってしまう結果となるであろう。そのため、今回の復刊にあたっては加筆を避け、誤字・脱字、年号の誤りなど内容に関わらない最小限の訂正に停めた。

それにしても、なぜ二〇年も前の絶版となった古書を復刊しなければならないのか。そもそも、本書はなにを意図して書かれ、どのような学説史上の意義をもつものだったのか。いま世に問うことになんの意味があるのか——出版社の事情とは別に、著者としての立場から説明する責任があると私は考えている。

戦後の中世仏教、鎌倉仏教をめぐる研究史の流れを振り返りながら、この問題を論じてみることにしたい。

2 落ちた偶像

日本の仏教といったとき、いまでも多くの人がまず思い浮かべるのは、法然をはじめとして鎌倉時代に相次いで誕生するいわゆる「鎌倉（新）仏教」であるにちがいない。中世史家の網野善彦は、その著『無縁・公界・楽』（平凡社、一九七八年、増補版一九八七年）の「まえがき」において、高等学校の教壇に立った若き彼を絶句させた二つの質問があったことを振り返っている。

なぜ天皇制は滅びなかったのかという質問に加えて、もう一つのそれが、「なぜ、平安末・鎌倉という時代にのみ、すぐれた宗教家が輩出したのか」というものだったという。この時代に卓越した多くの宗教者が生まれたことは、大方の日本人にとって自明の前提となっている。

私が研究者としての道を歩み始め、最初の学術論文を発表したのは一九七八年のことだった。そのときから本書脱稿の年である一九八八年までの十年間は、こうした認識を背景として、学問の世界でも中世仏教研究が全盛を極めていたときだった。なかでも鎌倉仏教研究は仏教史学の花形であり、鎌倉仏教を研究することがとりもなおさず日本仏教の研究であるといった風潮が広がっていた。

私はこの時期、日蓮を中心とするいわゆる鎌倉新仏教を研究対象としていたが、それは当時のこうした潮流に棹さしたものだった。遥か彼方には家永三郎、井上光貞といった巨大な山塊がそびえ、目の前には大隅和雄、川添昭二、黒田俊雄、高木豊、中尾堯らの高い壁が立ちはだかっていた。周囲を見渡せば、今日に至るまで親密な交流を続けている今井雅晴、佐々木馨、末木文美士、平雅行、松尾剛次ら数多くの畏友がいて、顔を合わせれば時を忘れて議論に花が咲いた時代だった。

しかし、今日、状況は大きく変化した。日本仏教の研究界において、鎌倉仏教研究はその地位を確実に低下させつつある。相対的に研究の数が減ったというだけではない。日本仏教研究界全体にインパクトを与えるような革新的な論考が、鎌倉仏教研究からはほとんど生まれることがなくなってしまった。鎌倉仏教は学界のアイドルとしての地位を失い、いまや日本仏教研究の主戦場と情報発信の場は、近代仏教に移行しているのである。

なぜ、このような事態が生じてしまったのか。視野を明治維新期まで広げ、近代の学問史のコンテクストのなかでその原因を探ってみよう。

3 モダンの語りのなかの鎌倉仏教

近代の始発である明治期の仏教者にとってもっとも大きな課題となったものは、維新期に起こった排仏毀釈による打撃からの回復を目指すなかで、教団と教学をいかに近代化していくかという問題だった。明治期の仏教者たちはこの破仏体験を心の奥底に留め、それを原点として近代日本にふさわしい仏教を再構築していくという、きわめて実践的な課題を背負うことになった。

仏教が学問的批判に堪えうるだけの内容を備えた「哲学」であることを強調した村上専精は、そうした課題を正面から見据えて活動した代表的な学者である。近代宗教としての仏教の再生という課題は、清沢満之や田中智学にも共通したものだった。彼らは立場こそ違っても、鎌倉時代に活躍した祖師の思想の近代的解釈を試み、そこに時代を超えた普遍的な価値を見出そうとした。

宗門出身の仏教学者が、仏教の近代化という課題に応えるべく模索を繰り返していたころ、歴史学の分野では原勝郎が「東西の宗教改革」（『日本中世史之研究』同文館、一九二九年、初出、一九一一年）を著し、「階級的」なものが「平等」「平民的」となった点に鎌倉仏教の特色を見出し、その運動を西洋の宗教改革になぞらえた。

明治期の改革運動の担い手や歴史家が、過去の歴史のなかに近代性を先取りする日本の知的伝統を見出そうとしたとき、いずれも鎌倉（新）仏教にたどり着いたことは興味深い現象である。日本固有の「哲学」を代表する知的資産として、あるいは仏教を「平民的」なものへと変革した「宗教改革」の担い手として、鎌倉仏教は光を当てられていくのである。

そうした動きは大正・昭和前期を経て戦後も継承された。国内外の大勢の人々の命を奪い、言語を絶する苦痛を与えた敗戦に至るまでの軍国日本の歩みは、日本の近代化が不十分であったためであるという反省を生み出し、戦後の学界では「封建遺制の克服」が分野を超えた共通の目標となった。近代社会に残存するさまざまな過去の負の遺産が抉り出される一方、日本の伝統思想のなかに内在する進歩的要素の探索が行われた。戦後第一期の知識人・研究者は、列島に自生する近代性の萌芽を過去の歴史から発掘することによって、日本人みずからが根源的なレベルで社会を改革しうる潜在能力をもっていることを知的伝統のなかで確認しようとするのである。

そこにおいて、再度着目されるに至ったものが鎌倉仏教だった。家永三郎や井上光貞といった仏教史プロパーの研究者だけでなく、丸山真男などの進歩的知識人によって鎌倉仏教が注目され、戦後民主主義の理想と連動するその「民衆性」に光があてられていくのである。

明治維新から一九七〇年代までのほぼ百年間、一貫して日本の歴史学界のキーワードとなっていたものが「近代化」だった。そこでいう「近代」が西欧のそれを理念型とするものであるゆえに、日本の伝統宗教のなかから、いかに西欧に類似したものを発見していくかが、仏教教団にとっても研究者にとっても重要な課題となった。両者の共犯関係のなかで、呪術の克服や個人の内面的な信仰世界の確立、民衆性などが過去の仏教思想評価の尺度とされ、その教理についても合理主義的な再解釈が施されていった。

戦前では、親鸞の思想における浄土の彼岸性を否定し、その思想の哲学的達成を強調した清沢満之が、戦後では鎌倉仏教に民衆性と呪術否定を見出した家永三郎が、そうした立場からの研究を牽引した。海外でも、日本宗教の歩みに「呪術から形而上学」への「合理化過程」を読み取ろうとする、R・N・ベラーのような研究者が現れた。かくして、鎌倉仏教の意義を考える際に、呪術からの解放や個人の内面の発見などその合理主義的性格に着目することが、一九七〇年代まで研究手法の中核を占めることになったのである。

かくして鎌倉仏教は、人類の「進歩」と「近代化」というコンテクストのなかに、限りない高みをめざす人類の日本列島における重要な一歩として位置づけられたのである。

4　進化の物語の終焉

近代になって西欧から生み出されてきた思想や哲学は、人間の理性に信頼を置き、人類と社会の際限なき進化を信じる立場をとってきた。歴史観もその例外ではない。近代の歴史観は基本的に進歩史観の立場をとり、到達すべきユートピアを遠い未来に設定した。奴隷制→農奴制→資本制という変化をとげつつ私的所有が進み、最終的には社会主義社会実現の必然性を説くマルクス主義史観も、社会の進歩を前提とする点において、近代史観の一つのヴァリエーションにほかならなかった。

しかし、明治以来語り継がれてきた進歩と成長の神話は、一九七〇年代を転機として徐々に影響力を低下させる。モダンからポストモダンへの時代思潮の移行がはじまるのである。左翼的・大衆的な政治運動は、七〇年安保を分水嶺として急速に勢いを失った。その挫折は戦後民主主義を支えてきた近代主義やマルクス主義からの人々の離反を招いた。成長神話が崩壊し進歩への疑念が生まれ、社会には閉塞感が漂うようになった。物質的な豊かさに代わって、精神的なよりどころが求められるようになり、スピリチュアリティの復権が叫ばれた。合理主義に背を向け、あえて人々を、理性を超えた神秘の世界に誘う「新々宗教」が社会に根を下ろすのもこの時期のことだった。

モダンの終焉は、神の眼からみた大きな物語の終焉にほかならなかった。歴史学の世界では人類の進歩を説く近代史観がその存在基盤を失い、歴史発展の「法則」が語られることはなくなった。それは、明治以来一貫して近代化の文脈で語られてきた鎌倉仏教にとって、みずからを支えてきた語りの枠組みが消失したことを意味した。

新たに迎えたポストモダン思潮のなかで、「進歩」や「民衆性」という言葉が輝きを失ったとき、鎌倉仏教は自身を位置づける座標軸を見失った。それに代わって、生々しい神秘性を湛えた密教や、言説化できない体験を重んじる修験、混沌とした精神世界を対象とする神仏習合などの合理性を超えた世界が、魅力あるテーマとして国内外の研究者の関心を引きつけるようになるのである。

5 転轍機としての「顕密体制論」

一九七〇年代に起こった時代思潮の転換を承けて、日本仏教をめぐる研究史の旋回に重要な役割を果たしたのが、黒田俊雄による「顕密体制論」(「中世における顕密体制の展開」『日本中世の国家と宗教』岩波書店、一九七五年)の提唱だった。黒田はこの論考で、中世社会に占める顕密仏教(伝統仏教)の圧倒的な存在感と国家との緊密な連携ぶりを強調し、それを中世仏教の「正統」と規定した。他方、それまで中世仏教を代表するものと信じられてきた鎌倉新仏教を、それに対する「異端」と位置づけるのである。

顕密体制論によって、鎌倉新仏教の意義が相対化され、研究の主流が新仏教から旧仏教へと移行したことは否定できない。だが、この理論は実はもう一つ、より根源的なレベルで研究の転換をもたらす重要な役割を果たしたと私は考えている。

黒田は宗教が社会のあらゆる分野を覆いすべてに優越する、濃厚な神秘主義の世界として中世を描き出した。黒田のいう顕密仏教はそこにおいて、荘園制支配を正当化する宗教イデオロギーとしての役割を担った。民衆を心身ともにからめとる呪詛を行い、その有効性を支える壮大な法会や修法の体系を創り出した。黒田が指摘したのは、顕密仏教のもつこうしたマジカルなパワーの重要性だった。

にもかかわらず、私のみるところでは、黒田自身が最終的に目指したのは顕密仏教世界の解明ではなく、新仏教＝異端派、とりわけ親鸞の再評価であった。北陸の真宗の篤信家に生まれた黒田は、親鸞に対して、たんなる研究の対象にとどまらない強い愛着の念を抱いていた。黒田自身生きていればおそらく反論するだろうが、黒田の顕密仏教研究はそれ自体が目的ではなく、顕密仏教を背景として親鸞の歴史的意義を浮かび上がらせるための前提作業だったと私は考えている。

だが、独自の視座からする親鸞の再評価という黒田のもくろみは成功しなかった。黒田は、中世の民衆の上にのしかかっていた精神的呪縛の重みを余すところなく描き出した。彼は理性を超えた「情念」のレベルで顕密仏教の役割を明らかにした。それに対し、黒田が提示しようとした親鸞－真宗の意義は、それを克服する「論理」だった。黒田は顕密仏教がもつ圧倒的な呪詛の威力を露にしたが、それに対抗しうる新仏教の呪縛の力を論じることはなかった。新仏教の側だけは、あいかわらず呪縛の克服という「近代化」の語りの文脈で説明しようとするのである。それは最後までマルクス主義に対する強い信頼を抱き続けた黒田にとって、必然の帰結だった。

その結果、黒田の顕密体制論は、黒田の主観的な意図とは裏腹に、進化と理性を尺度として仏教を評価することに飽き足らないポストモダンの気分にある多くの研究者を魅了し、彼ら、彼女らを顕密仏教の土台にある「情念」と非合理の世界へと導いた。反面、その対抗軸として設定された新仏教の「論理」は、もはや人びとの興味を引きつけることはできなかったのである。

黒田にみられる、主観的な意図とそれが研究史に与えた客観的影響の乖離をさらに先鋭な形で体現したのが、平雅行である。平の専修念仏に関する一連の論文、なかでも親鸞の意義を論じた「中世的異端の歴史的意義」（『日本中世の社会と仏教』塙書房、一九九二年、初出一九八〇年）は、その学術的な達成度と分析の鋭さにおいて、戦後の仏教史学に関わる論考のなかで最高水準のものと私は考えている。平はそこにおいて、顕密仏教の呪縛の体系との対比において、親鸞‐専修念仏の思想がいかにみごとな克服の論理となりうるものであるかを完璧に論証した。しかし、そこでも心の奥底を鷲摑みにする顕密仏教の情念レベルでの呪縛に対し、親鸞の意義はどこまでも明晰な論理のレベルに求められている。

平が行った親鸞の論理分析の徹底ぶりは、黒田をはるかに凌ぐものがある。それゆえに、研究者はその論文構成の緻密さに感銘を受けても、論文を貫く平の問題意識はポストモダンの色に染め上げられた空間のなかに拡散して、容易に継承されることがなかったのである。

6 顕密体制論と無縁

黒田俊雄が、顕密体制論−権門体制論で提起した問題の重要性は、国家の存立と支配に果たす非合理な超越的存在（カミ）の役割を的確に認識し、それを歴史の構想に組み込んだところにあった。そのように考えたとき想起されるのが、黒田とほぼ同世代の網野善彦の「無縁」論である（『無縁・公界・楽』前掲）。網野もまた、人間を超える存在＝カミが歴史に果たす役割を正確に認識していた歴史家だった。

戦後歴史学の主流をなす近代化論やマルクス主義にもとづく社会構成史では、歴史はどこまでも人間の歴史だった。神仏や死者などの目にみえない存在は、当然のことながら視野に入ることはなかった。

こうした風潮に対して大きな転機となったものが、一九七〇年代後半から顕著になる社会史の隆盛だった。西洋史の阿部謹也や網野善彦はその代表的研究者だった。彼らが着目したのは、神・仏・先祖などに対して前近代人が抱いていた生々しいリアリティであり、それが社会や国家のあり方をいかに大きく規定したかという問題だった。社会史を厳しく批判した黒田と、社会史家を自任した網野は、一見その立ち位置を異にしているようにみえるが、超越的存在の役割に対する強い関心という点において共通の立場を看取できる。

その一方で、両者には違いもあった。その基本的な軸足を唯物史観に置く黒田は、中世社会において神仏が果たす役割を積極的に評価するものの、社会の発展はそうした超越者の機能する余地をしだいに狭めていくという信念を抱いていた。黒田にとって、逆説的に見えながらも、呪力の克服という親鸞の思想の果たした役割はまさしくそこにあった。

出発点は同じマルクス主義にありながらも、網野が『無縁・公界・楽』で描き出した歴史の像は、黒田とは対照的だった。網野はどの人間も自由に対する根源的な欲求をもっていると考え、それを「無縁」と命名した。網野にとって理想の社会は、無縁がフルに機能していた過去にこそ存在したのであり、人類の歴史は人間がもつ本源的な自由の衰退の歴史にほかならなかった。網野史観が七〇年代以降の社会に広く受け入れられていく原因は、その近代的な進歩史観との決別が、ポストモダンの風潮と共鳴するところにあったと考えられる。

黒田と網野はともに一時期マルクス主義をその生き方の糧とし、歴史の展開に果たす聖なる存在の役割に着目した研究者だった。だが、人間の理性と社会の進化を信じるマルクス主義の再生を目指すか、歴史の進歩という概念そのものを放棄して新たな法則を探求するかという選択において、両者は正反対の方向に歩み出すことになったのである。

7　鎌倉仏教研究の再生をめざして

近年における鎌倉仏教研究の低迷の最大の原因は、時代思潮と研究方法の大幅な転換にもかかわらず、明治初期より百年にわたって前提としてきた近代化の文脈に代わる新たな語りの方法を見出しえていないことにある、というのが私の基本的な認識である。

それでは、もし鎌倉新仏教研究を再生しようとするならば、いったいいかなる戦略を取るべきなのか。この問題に踏み込む前に、これまで述べてきたような戦後の研究史の文脈において、本書がいかなる位置を占めるものであるかを確認しておきたい。

私はこの本を執筆するにあたって、二つの問題意識をもっていた。その一つは新仏教論の再構築だった。法然、親鸞、道元、日蓮らを取り上げ、彼らの宗教に共通する「民衆性」などの要素に中世的特質を見出そうとする古典的な鎌倉新仏教論は、顕密体制論の提起によって息の根を止められたかのようにみえた。しかし、すでに述べたように、黒田の顕密体制論は決して「新仏教」－異端派の切り開いた新たな思想的地平に目を閉ざすものではなく、むしろ独自の視座からその再評価を試みようとするものである、というのが私の基本的な認識だった。

私自身は鎌倉新仏教に、この列島が生み出した良質の知的鉱脈が潜んでいるという確信を抱いていた。そのため一宗の祖師という立場を超えた彼らの思想のもつ魅力を、家永氏らとは異なる視座から、顕密体制論の提言を踏まえて独自の歴史的・文化的コンテクストのなかで解明することを課題としたのである。

この点に関していえば、本書はいくつかの新しい視点を示すことができたと考えている。だが、総体として、当時まだ大きな影響を残していた「呪縛」と「解放」という近代化の語りの枠組みを超えていないことを認めざるをえない。

そうした反省を踏まえて、いま鎌倉仏教の見直しを試みるとすれば、どのような戦略が必要であろうか。もっとも重要と思われる点は、近代化のシェーマに代わる新たな語りのコンテクストの発見である。

繰り返し指摘されるように、中世は神秘主義の時代である。それは顕密仏教だけでなく、新仏教にとっても同様だったはずである。そうであるとすれば、私たちは新仏教に、発展史観にもとづく進歩や合理性を投影するのではなく、マジカルな空間を土壌として生み出されてきたその生々しい宗教性に、改めて光を当ててみる必要があるのではなかろうか。近代の知識人や宗門の研究者が無視してきた、思想形成期に祖師が体験した夢想や幻覚などの神秘体験の意味を考え直してみることが求められているのではないか。

呪縛からの一方的な解放の論理として鎌倉仏教を捉えるのではなく、呪縛のぶつかり合いとせめぎ合いの場に即してそれを把握し直すことが重要である。それが、近代が作り出した既存の鎌倉仏教論の克服と、新たなパラダイムを生み出すための起爆剤となりうるのではなかろうか。

それは鎌倉仏教を近代化のコンテクストで語るのではなく、そこに近代そのものを対象化し相対化しうる視座を見出すことにほかならない。その作業はまた、長い人類史に照らして、無人島の領有をめぐって国民感情が沸騰する近代という時代のもつ異常さと、原発やCO_2問題など現代社会が構造的に抱え込んださまざまな問題の本質を抉り出していくための、重要な第一歩となるはずである。

8 「思想」の質を問う

本書のもう一つの、より重要な目的は、法然や日蓮の確立した宗教の意義を抽象的な教理や論理のレベルで論じるのではなく、それが実際に人々のあいだにどのように受容され、いかなる役割を果たしたのかという視点から解明することだった。

国家支配のイデオロギー的機能を担った旧仏教＝顕密仏教が厚く社会を覆うなかで、法然や日蓮らの「異端」思想が人々の生活に何をもたらしたのか。その「民衆性」を評価しようとするのであれば、それらの宗教が現実社会において実際に果たした歴史的な役割を発掘することが不可欠の前提のはずである。

「民衆仏教」としての鎌倉仏教研究が沸騰へと向かう一九六〇年代は、色川大吉、鹿野政直、安丸良夫らによって提唱された「民衆思想史」が大きくクローズアップされた時期だった。まだ学園紛争の余塵の治まらない大学に入学した私が、友人たちとの自主的な読書会でまず触れたものがこれらの各氏の著作だった。なかでも明治草創期の自由民権運動の世界に入り込み、「底辺の視座」からその運動に携わった人々の情念と行動を発掘し、その歴史的意義に光をあてようとした色川の研究からは大きな衝撃を受けた(『明治精神史』黄河書房、一九六四年、講談社学術文庫、一九七六年)。その影響を受けて「民衆思想史」に関心を抱くようになっていた私は、その問題意識を鎌倉仏教研究に投影し、教理史や論理のレベルでは掬い上げることができなかった在地の動きを再評価することを目指した。本書はその延長線上に生まれたものである。

これについても、いまとなっては色あせた支配‐被支配の構図と揶揄されるかもしれない。しかし、この視点については、私自身いまでもこだわりをもっている。

そもそも、思想の「質」とはなんであろうか。思想を評価する指標をどこに求めるべきであろうか。もちろん、思索の体系性や論理の整合性を重視する見方もあるだろう。私はそうした立場を否定するつもりはない。だが、私自身がもっとも大切にしたいのは、それを信奉した人間がどのような生を送ったのかという視点である。

いつの時代も、人が人らしく生きようとするとき、それに対する抑圧はあった。踏みにじられ、軽視された人間としての尊厳を取り戻すために、これまで人は繰り返し、ときには命を賭して行動を起こしてきた。それは自由を求めてのやむにやまれぬ行動ではあったが、それが他者に対する新たな抑圧の装置となるケースもあった。そうした複雑に絡み合うさまざまな運動の意義を客観的に分析し、史上に位置づけていくことが、歴史研究に携わる者にとって重要な使命ではないのか。

振り返ってみると、七〇年代以降、鎌倉新仏教の相対化の進展とその研究の退潮にもかかわらず、中世思想そのものに関する研究は、その対象においても方法の面でも格段に豊かになった。それまで突出していた教理や思想の面だけでなく、実修されていた儀礼や法会の実態とその意義について考察が深められた。新たな資料の発掘が進み、顕密仏教はもとより神祇信仰にかかわる部分でも、「中世神話」「中世日本紀」とよばれる未知の宗教世界に光があてられつつある。

これらはいずれも中世人の想像力の豊饒さを示す貴重な事例である。ただ問題なのは、今日の研究界は、あたかも次々と発掘される考古学の出土品に整理が追いつかないかのように、それらの素材がある文脈によって再配置されることなく、同じ床面に無秩序に並べられているような状況となっていることである。発掘した研究者とその所属グループがいくらその重要性を論じても、その議論と成果を他の研究者が容易に共有できないのである。

もちろん、過去の人間の知的な営みの痕跡のなかに、歴史的にまったく無価値なものなどあるはずがない。それぞれの史料は、それ自体においてかけがえのない価値を有している。しかし、それを同一の平面上に無造作に並べていくだけの作業なら、それはだれにでもできる。

研究者としての私たちに求められているのは、ある統一した視点に立ってそれらの史料の価値序列を判断し、選別しつつ意味をもった形に並べ替えていく作業である。私がみるところ、今日の学界で決定的に欠けているものはこの手順である。それがないから、学問の世界から創造的な議論が消えてしまったのである。

ポストモダンの雰囲気に染まった現代社会では、ある価値観―法則にもとづく一定方向への史料の並べ替えを忌避する空気が強い。だが、それでも私は、思想にはそれぞれの時代において果たした固有の役割があり、それに対する評価こそが歴史に携わる者のもっとも重要な使命であると信じている。そして、私にとってその評価の基準とは、ある時代に生きた人々の胸に、実際に希望の灯を灯すことができたかどうかという一点なのである。

本書が二〇年の時を経て読み直される価値があるとすれば、それは、この問題提起をいかに素朴で不完全な形ではあっても、ストレートに読者に投げかけていることにあると私は思っている。

〔参考文献〕

家永三郎『中世仏教思想史研究』法藏館、一九四七年
磯前順一「〈日本宗教史〉を脱臼させる」『宗教研究』三五七、二〇〇八年
井上光貞『日本浄土教成立史の研究』山川出版社、一九五六年
末木文美士『近代日本と仏教』トランスビュー、二〇〇四年
佐藤弘夫「網野史学における神と天皇」『大航海』六五、二〇〇八年

丸山真男「鎌倉仏教における宗教行動の変革」『丸山真男講義録』第四冊、東京大学出版会、一九九八年
R・N・ベラー著、池田昭訳『徳川時代の宗教』岩波文庫、一九九六年（英文初版、一九五七年）

本書は一九九四年一一月三〇日、第三文明社より
「レグルス文庫」の一冊として刊行された。

貧困の文化　オスカー・ルイス　高山智博／染谷臣道／宮本勝訳

大都市に暮らす貧困家庭を対象とした、画期的なフィールドワーク。発表されるや大きなセンセーションを巻き起こした都市人類学の先駆的書物。

身ぶりと言葉　アンドレ・ルロワ＝グーラン　荒木亨訳

先史学・社会文化人類学の泰斗の代表作。人の生物学的進化、人類学的発展、大脳の発達、言語の文化的機能を壮大なスケールで描いた大著。（松岡正剛）

アスディワル武勲詩　C・レヴィ＝ストロース　西澤文昭訳　内堀基光解説

北米先住民に様々な形で残る神話を比較考量。『神話論理』へと結実する、レヴィ＝ストロース初期神話分析の軌跡と手法をあざやかに伝える記念碑的名著。

ツタンカーメン発掘記（上）　ハワード・カーター　酒井傳六／熊田亨訳

黄金のマスク、王のミイラ、数々の秘宝。エジプト考古学の新時代の扉を開いた世紀の発見の全記録。上巻は王家の谷の歴史と王墓発見までを収録。

ツタンカーメン発掘記（下）　ハワード・カーター　酒井傳六／熊田亨訳

王墓発見の報が世界を駆けめぐり発掘された遺物が注目を集める中、ついに黄金の棺が開かれ、カーターは王のミイラと対面する。（屋形禎亮）

日本の歴史をよみなおす（全）　網野善彦

中世日本に新しい光をあて、その真実と多彩な横顔を平明に語り、日本社会のイメージを根本から問い直す。超ロングセラーを続編と併せ文庫化。

日本史への挑戦　森浩一　網野善彦

関東は貧しき鄙か？　否！　古代考古学と中世史の巨頭が、関東の独自な発展の歴史を掘り起こし、豊かな個性を明らかにする、刺激的な対論。

米・百姓・天皇　網野善彦　石井進

日本とはどんな国なのか、なぜ米が日本史を解く鍵なのか、通史を書く意味は何なのか。これまでの日本史理解に根本的転回を迫る衝撃の書。（伊藤正敏）

今昔東海道独案内　東篇　今井金吾

いにしえから庶民が辿ってきた幹線道路・東海道。日本人の歴史を、著者が自分の足で辿りなおした名著。東篇は日本橋より浜松まで。（今尾恵介）

原典訳 ウパニシャッド　岩本裕編訳

インド思想の根幹であり後の思想の源ともなったウパニシャッド。本書では主要篇を抜粋、梵我一如、輪廻・業・解脱の思想を浮き彫りにする。（立川武蔵）

世界宗教史（全8巻）　ミルチア・エリアーデ

宗教現象の史的展開を膨大な資料を博捜し著された人類の壮大な精神史。エリアーデの遺志にそって共同執筆された諸地域の宗教の巻を含む。

世界宗教史1　ミルチア・エリアーデ　中村恭子訳

人類の原初の宗教的営みに始まり、メソポタミア、古代エジプト、インダス川流域、ヒッタイト、地中海地域、初期イスラエルの諸宗教を収める。

世界宗教史2　ミルチア・エリアーデ　松村一男訳

20世紀最大の宗教学者のライフワーク。本巻はヴェーダの宗教、ゼウスとオリュンポスの神々、ディオニュソス信仰等を収める。（荒木美智雄）

世界宗教史3　ミルチア・エリアーデ　島田裕巳訳

仰韶、竜山文化から孔子、老子までの古代中国の宗教と、バラモン、ヒンドゥー、仏陀とその時代、オルフェウスの神話、ヘレニズム文化などを考察。

世界宗教史4　ミルチア・エリアーデ　柴田史子訳

ナーガールジュナまでの仏教の歴史とジャイナ教から、ヒンドゥー教の総合、ユダヤ教の試練、キリスト教の誕生などを収録。（島田裕巳）

世界宗教史5　ミルチア・エリアーデ　鶴岡賀雄訳

古代ユーラシア大陸の宗教、八—九世紀までのキリスト教、ムハンマドとイスラーム、イスラームと神秘主義、ハシディズムまでのユダヤ教など。

世界宗教史6　ミルチア・エリアーデ　鶴岡賀雄訳

中世後期から宗教改革前夜までのヨーロッパの宗教運動、宗教改革前後における宗教、魔術、ヘルメス主義の伝統、チベットの諸宗教を収録。

世界宗教史7　ミルチア・エリアーデ　奥山倫明／木塚隆志／深澤英隆訳

エリアーデ没後、同僚や弟子たちによって完成された最終巻の前半部。メソアメリカ、インドネシア、オセアニア、オーストラリアなどの宗教。

世界宗教史8
ミルチア・エリアーデ
奥山倫明／木塚隆志／深澤英隆訳

西・中央アフリカ、南・北アメリカの宗教、日本の神道と民俗宗教。啓蒙期以降ヨーロッパの宗教的創造性と世俗化などを収録。全8巻完結。

シャーマニズム（上）
ミルチア・エリアーデ
堀一郎訳

二〇世紀前半までの民族誌的資料に依拠し、宗教史学の立場から構築されたシャーマニズム研究の金字塔。エリアーデの代表的著作のひとつ。

シャーマニズム（下）
ミルチア・エリアーデ
堀一郎訳

宇宙論的・象徴論的概念を提示した解釈は、霊魂の離脱（エクスタシー）という神話的な人間理解として現在も我々の想象力を刺激する。（奥山倫明）

回教概論
大川周明

最高水準の知性を持つと言われたアジア主義者の力作。イスラム教の成立経緯や、経典などの要旨が的確に記された第一級の概論。（中村廣治郎）

原典訳 チベットの死者の書
川崎信定訳

死の瞬間から次の生までの間に魂が辿る四十九日の旅――中有（バルドゥ）のありさまを克明に描き、死者に正しい解脱の方向を示す指南の書。

旧約聖書の誕生
加藤隆

旧約聖書は多様な見解を持つ文書を寄せ集めて作られた書物である。各文書が成立した歴史的事情から旧約を読み解く。現代日本人のための入門書。

空海コレクション1
空海
宮坂宥勝監修

主著『十住心論』の精髄を略述した『秘蔵宝鑰』、及び顕密を比較対照して密教の特色を明らかにした『弁顕密二教論』の二篇を収録。（立川武蔵）

空海コレクション2
空海
宮坂宥勝監修

真言密教の根本思想『即身成仏義』『声字実相義』『吽字義』及び密教独自の解釈による『般若心経秘鍵』と『請来目録』を収録。（立川武蔵）

空海コレクション3 秘密曼荼羅十住心論（上）
福田亮成校訂・訳

日本仏教史上最も雄大な思想書。無明の世界から抜け出すための光明の道を、心の十の発展段階（十住心）として展開する。上巻は第五住心までを収録。

阿含経典 3　増谷文雄編訳

第3巻は、仏教の根本思想を伝える初期仏伝資料と、ブッダ最後の伝道の旅、沙羅双樹のもとでの〈大いなる死〉の模様の記録などを収録。（下田正弘）

バガヴァッド・ギーターの世界　上村勝彦

宗派を超えて愛誦されてきたヒンドゥー教の最高経典が、仏教や日本の宗教文化、日本人の思考に与えた影響を明らかにする。（前川輝光）

宗祖ゾロアスター　前田耕作

ゾロアスターとは何者か。プラトンからニーチェに至る哲学者を魅了した伝説的存在、その謎に満ちた生涯・正典を妖しい霧の中に分け入り探る。

増補 チベット密教　ツルティム・ケサン　正木晃

インド仏教に連なる歴史、正統派・諸派の教義、個性的な指導者、性的ヨーガを含む修行法。真実の姿を正確に分かり易く解説。（上田紀行）

密　教　正木晃

謎めいたイメージが先行し、正しく捉えづらい密教。その歴史・思想から、修行や秘儀、チベットの性的ヨーガまでを、明快かつ端的に解説する。

正法眼蔵随聞記　水野弥穂子訳

日本仏教の最高峰・道元の人と思想を理解するうえで最良の入門書。厳密で詳細な注、わかりやすく正確な訳を付した決定版。（増谷文雄）

空　海　宮坂宥勝

現代社会における思想・文化のさまざまな分野から注目をあつめている空海の雄大な密教体系！　空海密教研究の第一人者による最良の入門書。

一休・正三・白隠　水上勉

乱世に風狂一代を貫いた一休。武士道を加味した禅をとなえた鈴木正三。諸国を行脚し教化につくした白隠。伝説の禅僧の本格評伝。（柳田聖山）

聖書の起源　山形孝夫

治癒神イエス誕生の背後には異教の神々の系譜があった。さまざまな古代信仰の歴史を辿り、聖書を人々の望みと悲哀の結晶として読み解く名著。

ちくま学芸文庫

鎌倉仏教《かまくらぶつきょう》

二〇一四年一月十日　第一刷発行
二〇二二年六月五日　第二刷発行

著　者　佐藤弘夫（さとう・ひろお）
発行者　喜入冬子
発行所　株式会社　筑摩書房
東京都台東区蔵前二―五―三　〒一一一―八七五五
電話番号　〇三―五六八七―二六〇一（代表）
装幀者　安野光雅
印刷所　株式会社加藤文明社
製本所　株式会社積信堂

ISBN978-4-480-09591-6 C0115